성서로
만나는
중용의
세계

성서로 만나는 중용의 세계

등 록 1994.7.1 제1-1071
인 쇄 2012년 5월 25일
발 행 2012년 6월 10일

지은이 이종찬
펴낸이 박길수
편집인 소경희
편 집 김문선
마케팅 양유경
디자인 이주향
펴낸곳 도서출판 모시는사람들
　　　　110-775 서울시 종로구 경운동 수운회관 1207호
전 화 02-735-7173, 02-737-7173 / 팩스 02-730-7173

출 력 삼영그래픽스(02-2277-1694)
인 쇄 ㈜상지사P&B(031-955-3636)
배 본 문화유통북스(031-937-6100)
홈페이지 http://blog.daum.net/donghak21

값은 뒤표지에 있습니다.
ISBN 978-89-97472-09-3 03210

이종찬 지음

성서로 만나는 중용의 세계

군자의 도는 은근하면서 오묘하다.
그런 까닭에 우리네 부부의 일로써 잘 헤아릴 수 있다.
그 깊고 오묘한 바는 성인이라도 미처 다 헤아릴 수 없다. …
군자의 도는 부부의 도리에서 시작하여 지극한 데로 나아가 천지에까지 이른다.

모시는사람들

감사의 글

이 책을 쓰는 일은 전적으로 우리집 큰 딸내미에게서 비롯되었습니다. 태어날 때부터 아빠가 늘 책상머리로 붙박이한 모습에 낯이 익은 터라, 기특하게도 이제까지는 군소리 한마디 없었지요. 그러던 것이 사춘기가 되고, 친구네 집에 오락가락 어울리면서 부쩍 세상에 눈뜬 모습입니다.

그러더니 어쩌다가 한마디 건네는 말씀이 묵직하네요. 잘 팔리지도 않는 고리타분한 책 말고, 누구나 손쉽게 책장을 넘길 수 있는, 이른바 큐티(Q.T.) 같은 영성靈性서적을 펴내라는 것이지요. 전문적인 학술서적같이 상아탑에 갇혀 있는 책에만 밤낮 열심히 매달려 봤자, 관심 있는 몇몇 사람들만 볼 터이니 그도 맞는 말입니다. 어린 제 딴에도 고지식한 아빠가 무척이나 안쓰러웠던 모양이지요. 그런데 사실 이제까지 펴낸 책도 근엄한 교수님들로부터는 너무 대중적인 책이라고 한 말씀 듣던 터라, 마음이 그리 썩 내키지는 않았습니다. 그러나 초롱초롱한 딸내미의 눈빛을 그저 모른 척 외면한다면, 장차 늙고 힘들어 기댈 처지가 되었을 때가 문제일 겁니다. 허연 머리에 꿀먹은 벙어리처럼 딸내미들의 궁시렁대는 소리를 듣는다는 것은 생각하기조차 끔찍하기 때문이지요.

5

그래서 그저 못 이기는 척하고, 주섬주섬 노트북을 열었습니다. 마침 텔레비전에서는 이름난 도올 김용옥 님께서 침튀기는 열강의 주특기(?)를 발휘하며 중용 강의를 멋들어지게 펼쳐 냅니다. 원님 덕에 나팔 분다고 하지 않던가요. 그래서 수저 한 벌 달랑 들고 밥상에 달려든 셈이 되었네요.

때마침 목회자들과 틈틈이 읽었던 이이(李珥)의『사서율곡선생언해』(四書栗谷先生諺解, 成均館大學校 影印本)는, 막힐 때마다 큰 도움이 되었습니다. 더러 율곡의『언해』에 빠진 부분은『십삼경주소』(十三經注疏, 예문인서관 影印本)를 참조했습니다. 나란히 옮긴 성서 본문은 낯익은『개역성서』(대한성서공회)입니다.

딸내미들에게도 술술 읽힐 수 있도록 나름대로 시편 읊듯이 글을 다듬고 손보았지만, 하루가 지난 뒤 교정지를 들여다보면 또 다시 손대지 않을 수 없군요. 그러다 보면 '꺼진 불도 다시 보자.'라는 말처럼 다람쥐 쳇바퀴 도는 신세라, 책이 나오길 기도해 주신 성도님들 뵐 면목도 없습니다. 그래 이쯤에서 툭툭 털고 일어나기로 했습니다. 부끄럽지만 모쪼록 작은 발걸음이 실마리가 되어, 여러분들의 좋은 글들 역시 이어지길 바라마지 않습니다.

2012년 부활을 기다리는 사순절
동아시아의 새로운 세상을 꿈꾸며 바우살이 씀

차례 성서로 만나는 중용의 세계

감사의 글

하늘이시여, 하늘이시여

天命之謂性 率性之謂道 修道之謂教

하늘이 온누리에 꼴 내리시니, 이 꼴 따라 길이 있으며, 길 힘써 다 듬는 가르침이 있다.

요 1:1-3

태초에 말씀이 계시니라. 이 말씀이 하나님과 함께 계셨으니 이 말씀은 곧 하나님이시니라. 그가 태초에 하나님과 함께 계셨고, 만물이 그로 말미암아 지은 바 되었으니, 지은 것이 하나도 그가 없이는 된 것이 없느니라.

잘 알려진 바대로, 중용은 고대 동아시아 사상사에서 전환점을 이루는 중요한 사상적 유산입니다. 여러 가지 논란이 있지만, 이는 시기적으로 볼 때에도 이른바 원시유교와 신유교를 가르는 분수령에 놓여 있기 때문이지요. 여기 첫머리에 나타나는 천명(天命)이라는 말도, 일찍이 『논어』에서 천명을 논하였던 공자의 전통을 충실히 주석해 내고 있는 셈입니다.("소인은 천명을 알지 못하고, 저버릴 뿐이다: 小人不知天命而不畏"『論語』, 季氏)

그리고 사상적으로는 불교와 노장(老莊) 사상 등의 습합을 통하여 커다란 변화를 겪고 난 이후, 당나라와 송나라 신유교의 대가들이 바로 중용의 그늘 아래 나란히 자리 잡고 있습니다. 그들은 모두가 한결같이 중용의 이 구절을 바탕으로 자신들의 형이상학을 나름대로 펼쳐내게 됩니다. 그러므로 중용은 변화무쌍한 동아시아 세계의 격변기를 거치면서 하나의 창조론처럼 새로운 세계상을 그리고 있다고 해도 그리 지나친 말이 아닐 듯합니다.

책의 유래를 살펴보건대, 공자의 손자인 자사(子思, BC483?~BC402)가 손수 지었다는 말이 있을 정도로 원시유교의 전통을 강조하고 있는 점도 눈여겨볼 만합니다. 게다가 내용상으로 원시유교의 가르침을 이어받으면서도, 형이상학적으로 새로운 구성을 담아 신유교의 뼈대를 이루어 내고 있는 구조입니다. 따라서 복잡다단한 해석학적인 연속성 문제는 여기서 구구하게 덧붙이거나 다시금 거론할 필요가 없는 셈입니다.

이런 점에서 이 부분을 읽어 나갈 때, 포로 시대를 겪으며 다양한 제국들의 창조론을 맛보았던 구약성서 창세기의 제사장 전통(P문서)을 나란히 잇대어 바라보는 것은 좋은 길잡이가 됩니다. 더구나 "태초에 하나님이 천지를 창조하시니라."(창 1,1) 부분을 나란히 붙여 놓은 다음, '한 처음에' 라고 시작하는 공동번역 성서를 읽게 된다면 독자들은 별다른 차이를 느낄 수 없으리라고 봅니다.

다만 여기에서 모쪼록 인문과학에서의 창조론과 자연과학적인 창조론을 헷갈리는 이들이 없기를 바랍니다. 예를 들어 테야르드 샤르댕(Teilhard de Chardin, 1881~1955) 같은 신학자에게는 창조와 진화가 서로 나누어지지 않기 때문이지요. 오히려 창조적 진화라는 틀에서 하나님의 섭리를 술술 풀어내고 있습니다.

무엇보다도 성서에서는 하나님이 자기 형상, 곧 하나님의 형상대로 사람을 창조하시되 남자와 여자를 창조하셨다고 말씀하십니다.(창 1,27) 중용에서는 이를 가리켜 하늘이 인간과 만물에게 본성을 내리신 것이라고 풀어 이야기하네요. 이 주어진 본성에 따라 살아가는 것은 인간의 도리이며, 아울러 이를 잘 지켜 나가는 삶은 복된 길이라는 가르침도 이어지고요.

성서에서도 천지를 창조하실 때 마지막 부분을 보면, 역시 하

성서로 만나는
중용의 세계

나님은 그들에게 복을 주시며 이렇게 말씀하시지요. '생육하고 번성하여 땅에 충만하라.' (창 1,28) 모든 생물과 세상을 잘 다독거리고 간수하라는 부탁의 말씀입니다. 이러한 가르침은 하늘이 내려주신 길[道]을 꾸준히 다잡으며 살아가야 하는 중용의 길을 그대로 보여줍니다.

카오스와 코스모스

道也者 不可須臾離也 可離非道也

도(道)라는 것은 한 터럭이라도 나누어질 수 없다. 나눌 수 있다면 도가 아니다.

창 1,2

땅이 혼돈하고 공허하며 흑암이 깊음 위에 있고, 하나님의 영이 수면 위를 운행하시니라.

나라에 질서가 없으면 뭇 백성이 떠돌아다니게 되고, 세상에 도(道)가 없으면 사람이 사람답게 살 수가 없는 법입니다. 눈물의 선지자 예레미야가 살던 때 유대 땅이 그랬고, 우리가 잘 알고 있는 대로 예수가 살던 때 팔레스타인 땅도 마찬가지였습니다.

그러기에 춘추전국 시대를 겪으며 파란만장한 세월을 겪어 온 동아시아에서 이러한 모습은 나름대로 도(道)에 대한 새로운 자각을 일깨웁니다. 때문에 왕도(王道)라든지 패도(覇道)라는 이야기를 통해서 온통 뒤집혀 버린 세상을 헤아려 보는 이들이 나타납니다.

서구 계몽주의 시절, 감리회 운동을 시작한 존 웨슬리(Wesley, John, 1703~1791)가 살던 영국 땅도 크게 다를 바가 없었지요. 인클로저(enclosure) 운동과 산업혁명으로 땅을 빼앗긴 사람들은 고향을 등지고 먹고살기 위해 도시로 공장으로 광산으로 몰려갈 수밖에 없었고요. 그 한복판에서 하루 벌어 하루 먹는 하루살이 인생들에게는, 한 집 건너 하나씩 술집만이 떠들썩하게 이웃하고 있었습니다.

그 무렵, 거대한 첨탑을 자랑하는 영국국교회와 신부들은 이들에게 아무런 위안이 되어 주지 못했습니다. 그래서 오히려 칼 마르크스는 이곳에서 공산주의의 깃발을 높이 치켜들었지요. 이처럼 도(道)가 사라진 세상은 창세기에 나타난 바대로 든든하다고 여겼던 땅조차 혼돈하고 공허합니다. 어두컴컴한 흑암 그 깊은 곳 아래에는 헤아릴 수조차 없는 깊은 무저갱(無底坑)만이 죽음처럼 도사리고 있을 뿐입니다.

그러므로 중용의 지평에서 볼 때, 한 순간이라도 도(道)로부터 떠나게 되면 세상 만물은 존재할 수가 없는 셈입니다. 그래서인지 하나님의 영은 결코 혼돈하고 공허한 세상을 떠나 버리시지 않습니다. 이로써 혼란스럽기 그지없는 질퍽한 진흙탕에서 시나브로 새로운 세상이 열려지게 됩니다. 이제 하나님은 찬찬히 수면 위를 운행하시며 주섬주섬 새로운 세상을 마련하시는 중이네요.

삼가 두렵고 떨림으로

是故 君子 戒愼乎其所不睹 恐懼乎其所不聞

이런 까닭에 군자는 보지 못하는 것을 살펴 돌아보고 듣지 못하는
바를 삼가며 두려워한다.

히 11:1-2

믿음은 바라는 것들의 실상이요 보지 못하는 것들의 증거니, 선진
들이 이로써 증거를 얻었느니라.

동아시아 세계에서는 바람직한 인간상을 군자(君子)로 보았습니다. 무엇보다도 이 군자의 이미지는 새로운 세계를 열어 나가는 주인공이기도 합니다. 그래서 나랏님이 되어 백성을 다스리고 하늘의 뜻을 펴나가는 준비를 하는 인물(왕자)을 가리켜 '대군' 이라는 이름을 붙이기도 하구요.

옛날에는 이렇듯 계급을 가리거나 신분을 따져 대군이니 군이니 하는 이름을 붙였을 것입니다. 그러나 오늘날 우리가 사는 이 땅에서는 앞날이 창창한 상아탑의 모든 젊은이들이 주인공이 됩니다. 그래서 스승들이 청출어람(靑出於藍)을 기대하고 기원하며 열심을 내는 제자들에게 거침없이 붙이는 호칭이기도 합니다.

믿음의 세계에 들어서면 더욱 그렇습니다. 그래서 인간이라면 모름지기 모두가 하나님의 형상(Imago Dei)을 지니고 있다고 창세기는 말하기도 합니다.(창 1,26) 누구든지 믿음의 지평 위에 열려 있는 이른바 호모 렐리기오스(homo religiosus)란 말이지요. 때로는 바람에 흔들리기도 하고, 한없이 나약해 보이기도 한 것이 인간입니다. 하지만, 나중에는 떠억하니 새로운 세계의 주인공으로 우뚝한 군자 또한 별다른 이가 아니라 바로 그이기 때문입니다. 한없이 멀어 보이는 이 둘 사이에는 무슨 차이가 있을까요. 삼가 돌아보고 깨어 있는 까닭에 전혀 다른 세계를 바라보고 있는 것입니다. 그러니까 다시 말하면 군자는 오직 믿음으로 사는 이를 가리키는 셈이지요.

성서로 만나는
중용의 세계

하늘을 우러러 한 점 부끄럼 없기를

莫見乎隱 莫顯乎微 故君子愼其獨也

감추인 것마다 환히 드러나고, 숨기운 것마다 모조리 드러나게 마련이다. 그런 까닭에 군자는 늘 스스로 돌이켜 삼가는 것이다.

막 4,22

감추인 것마다 드러날 것이요, 숨기운 것마다 알려지게 마련이다.

방 귀 꿴 놈이 성낸다는 우스개가 있지요. 그렇게 덮어 버린 다고 진실이 가려지겠습니까. 숨기면 숨길수록, 거짓말은 눈덩이처럼 불어나게 마련입니다. 마치 거짓부렁하던 피노키오 의 코가 한없이 커져 버렸던 것처럼 말이지요. 그래서 '하늘을 우러러 한 점 부끄러움이 없기를' 바라며 '잎새에 이는 바람'에도 괴로워하던 젊은 시인의 세계는 하늘을 그대로 닮아 있는 셈입니다.

일찍이 공자 또한 언제 어디서든지 하늘을 우러러 부끄러움이 없도록 떳떳이 살아가는 몸가짐이 무엇보다도 중요하다고 보았습니다. 그래서 이러쿵저러쿵 뒤에서 말이 많았던 제자들에게 하늘을 쳐다보라고 일러주었지요. ("내게 허물이 있다면, 하늘이 노하리라 하늘이 노하리라: 予所否者 天厭之 天厭之" 『論語』, 雍也)

그런데 그토록 부끄럼이 없기를 기도했던 젊은 시인은 그렇게 살다가 남의 나라에서 고문 끝에 유명을 달리하며 한 줌 재로 삶을 접었습니다. 그리고 많은 젊은이들이 숱하게 끌려가기도 하고, 멀쩡하게 두 눈 뜨고 제 땅과 집을 빼앗기고 종살이하며 근근이 목숨을 이어 나가는 흉악한 세월을 만나기도 했지요. 그렇게 험악한 시간을 지나면서도, 스스로를 돌아보고 삼가며 하늘이 드러내실 때를 기다리는 이들, 즉 '남은 자'들이 있습니다.

그리고 애타게 울부짖는 소리를 들으시는 하늘은 끝내 남은 자

성서로 만나는
중용의 세계

들과 무지렁이들을 외면하지 않으십니다. 때가 차매, 황량한 사막 한가운데에서 하늘의 부르심을 받은 의로운 종 모세는 불꽃 가운데서 택함을 받습니다. 그리고 인도하심을 따라 출애굽을 하고, 기어이 기다리고 기다리던 "젖과 꿀이 흐르는" 약속의 땅으로 돌아가지요. 풍찬노숙하며 떠돌던 이 땅의 백의민족도 그렇게 광복을 맞이합니다.

나라나 가정이나 개인 그리고 세상만사가 다 그렇습니다. 그래서인지 군자나 의인은 물론이고 심지어 낫 놓고 기역자도 모르는 무지렁이들도 한결같이 삼가며 믿음으로 사는 것이지요. 덩그러니 홀로 남겨진 막막한 벌판 한가운데에서도, 바닷가의 모래알처럼, 또한 저 하늘의 별과 같으리라는 창대한 약속을 믿고 믿음의 조상 아브라함처럼 뚜벅뚜벅 나아갈 뿐입니다.

성서로 만나는
중용의 세계

너희도 거룩하라

喜怒哀樂之未發謂之中, 發而皆中節 謂之和. 中也者天下之大本也, 和也者天下之達道也. 致中和 天地位焉 萬物育焉

희노애락이 아직 드러나지 않음은 중(中)이고, 드러나 마디마디 어우러지면 화(和)이다. 중(中)이란 천하의 큰 바탕이고, 화(和)란 것은 천하를 헤아린 도이다. 이 중화(中和)를 이루면 천하가 제자리를 찾고 만물이 제 모습을 갖춘다.

엡 4,13

우리가 다 하나님의 아들을 믿는 것과 아는 일에 하나가 되어 온전한 사람을 이루어 그리스도의 장성한 분량이 충만한 데까지 이르리니….

희랍 세계에서 복음의 기틀을 잡았던 바울(Paul)은, 일찍이 에베소 교회공동체에게 보내는 편지를 통해 신앙인의 완전과 성화(聖化)의 모습에 대해 일러줍니다. 이렇듯 그리스도의 장성한 분량에 다가서는 완전과 성화의 삶에 대한 말씀은 우리가 흔히 들어서 알고 있던 바와는 많이 다른 느낌입니다. 유치원 어린이들처럼 주는 대로 받아먹으며 달달 외는데 익숙한 한국 교회의 걸음마 신앙인들에게는 무척이나 낯설게 느껴질 수도 있을 겁니다.

그리고 이런 식으로 말씀들을 풀어내다가 이러쿵저러쿵 말들이 많아지는 까닭에, 자칫 제대로 입조차 뻥긋할 수 없을 정도로 떠들썩하게 마녀사냥하는 난장판이 언제든지 가능하기 때문입니다. 그래서일까요. 재미있게도 이러한 모습은 비단 기독교에만 국한되어 나타나지 않습니다. 일본이나 동아시아에서 흔히 그렇듯이, 봉건적 풍토에 익숙해져 있는 불교의 미타 신앙과 같은 이른바 타력(他力) 신앙의 행태가 널리 퍼져 있는 까닭이 되기도 하지요.

그런데 신약성서의 절반을 차지할 만큼 많은 발자국을 남긴 바울의 경우에는, 위와 같이 전혀 다른 성숙한 신앙인의 모습을 보여줍니다. 그러기에 이 같은 바울의 모습은 오늘날에 이르기까지 '역사적 예수와 신앙의 그리스도' 문제를 해결해 내지 못하는 현

성서로 만나는
중용의 세계

대 성서학자들의 해묵은 숙제이기도 하지요. 그래서 우리는 오늘날에도, 희랍 문화 속에서 그리스도의 복음을 완성시킨 바울의 신학과 끊임없이 씨름해야 하는 셈입니다.

이 점에서 신유교 형이상학에서 중요하게 다루는 측은지심(惻隱之心)·수오지심(羞惡之心)·사양지심(辭讓之心)·시비지심(是非之心)과 희노애구애오욕(喜怒哀懼愛惡欲)과 같은 사단칠정(四端七情)의 물음은, 좋은 동반자가 됩니다. 특히 중용에서 말하는 중절(中節)과 중화(中和)의 세계는 인심도심설(人心道心說) 등과 어우러져 동아시아 세계관에서의 인간과 초월의 문제를 다룰 때 늘 씨름하는 숙제이기도 합니다.

이렇게 보면, 인간들이 사는 세상은 구태여 동이나 서를 나눌 필요가 없을 것 같습니다. 옛날이나 오늘이나, 하루하루의 삶을 살아가야 하는 뭇 인생들의 숙제는 신앙인들에게나 군자에게나 늘 다르지 않기 때문이겠지요.

성서로 만나는
중용의 세계

2장

무엇을 선택할 것인가

仲尼曰 君子中庸 小人反中庸 君子之中庸也 君子而時中 小人之
中庸也 小人而無忌憚也

공자는 말한다. 군자는 중용이고 소인은 중용을 거스른다. 군자
의 중용이라 함은 모름지기 군자로서 때를 헤아리는 것이다. 소
인의 중용이라 함은 소인처럼 삼가거나 꺼림이 없음을 말한다.

시 1:1-6

복 있는 사람은, 악인의 꾀를 좇지 아니하며 죄인의 길에 서지 아
니하며 오만한 자의 자리에 앉지 아니하고 오직 여호와의 율법을
즐거워하여 그 율법을 주야로 묵상하는 자로다. 저는 시냇가에
심은 나무가 시절을 좇아 과실을 맺으며 그 잎사귀가 마르지 아니

함 같으니, 그 행사가 다 형통하리로다. 악인은 그렇지 않음이여, 오직 바람에 나는 겨와 같도다. 그러므로 악인이 심판을 견디지 못하며, 죄인이 의인의 회중에 들지 못하리로다. 대저 의인의 길은 여호와께서 인정하시나, 악인의 길은 망하리로다.

얼마 전 『무엇을 선택할 것인가』라는 책을 보았습니다. 미국도 돈놀음하다가 무너져 내리고, 유럽도 여기저기 흔들흔들 휘청거리고, 일본이라는 부자나라도 엉거주춤하는 오늘날입니다. 내로라 하는 선진국들조차도 갈 바를 모르는 판이고, 이에 따라 온 세계가 덩달아 갈팡질팡 헤매는 모습을 꼭꼭 짚어 낸 장하준이라는 경제학자의 책입니다. 일찌감치 마약 장사와 해적질 그리고 노예 팔아먹고 부귀와 영화를 누렸던 그 잘난 선진국들이 아닙니까. 그러니 낑낑대며 이를 따라잡으려고 애쓰는 우리나라가 한숨 돌리고 귀 기울여 볼 만한 이야기가 아닐 수 없습니다.

앞에서도 말하고 있듯이, 치중화(致中和)의 세계란 다시 말해 중용(中庸)의 세계를 가리킵니다. 그러므로 본체[中]와 현실[庸] 사이의 끝없는 긴장관계는 인간에게 늘 숙제로 남아 있습니다. 동과 서를 통틀어서 늘 이러한 이데아와 현실세계의 긴장을 놓고 씨름하는 것은 바로 철학에서의 공통된 물음이기도 하지요. 그래서인지 공자는 군자의 세계를 가리켜 화이부동(和而不同)이라 말하기도 합니다. 악한 이들, 죄인들, 오만한 이들이 우글거리는 이 땅에 함께 살고 있지만, 그럼에도 스스로의 도리를 잃지 않기 때문입니다. 이런 점에서 시편에서 말하는 복 있는 사람은, 중용에서 말하는 군자의 세계관과 나란히 서서 세상을 바라보고 있는 셈입니다.

그런데 여기서 시중(時中)이라는 아주 중요한 말이 나타납니다. 동아시아 세계관에서 가장 다루기 어려운 문제를 꼽으라면, 두 말할 필요가 없이 바로 시중(時中)이라는 주제일 겁니다. 실제로 동아시아 전통 해석의 주요한 근거가 되는 13경을 하나씩 들춰 보면, 대개가 다 이 문제를 다루고 있다고 말할 수 있습니다. 반면에 서구 사상에서는 이러한 주제가 주로 상황윤리라는 측면에서만 언급될 정도로 미미하기 그지없지요.

그런데 성서의 지혜 전통에서도 일찌감치 이를 알아차리고 있습니다. 세상일에는 모두 다 '때가 있는 법'이라는 겁니다.(전 3,1) 여기에서도 강조하고 있듯이, 말할 때와 침묵할 때, 기뻐할 때와 슬퍼할 때, 나아갈 때와 머물러 있을 때를 헤아려 아는 것은 신앙인들에게나 군자의 발걸음에 늘 척도가 됩니다.

때문에 역사를 헤아려 알려고 할 때에, 13경을 들춰 보면 『춘추』(春秋)에 〈좌전〉(左傳)이 있고, 〈공양전〉(公洋傳)이 있고, 〈곡량전〉(穀梁傳)이 있는 것은 바로 이 때문입니다. 세상의 법도를 따질 때에도 『예기』(禮記)가 있고, 『주례』(周禮)가 있고, 『의례』(儀禮)가 13경에 함께 자리 잡고 있는 까닭 또한 이와 다를 바가 없지요.

그렇다면 성서의 세계는 어떨까요. 이 역시 크게 다르지 않습니다. 이른바 토라(Torah)라는 율법서 안에서도 역시 야웨의 전통(J문서)과 엘로힘의 전통(E문서)이 서로 꿈틀거리고 어우러지며 새로운 세계를 만들어 나갑니다. 역사서를 보아도 마찬가지입니다. 신명기 전통과 역대기 전통 또한 한데 어우러지며, 나름대로 슬기롭게 시대를 해석해 나가기 때문이지요.

여기에서 갖은 세파에도 흔들리지 않고 복의 근원이 된 사람, 믿음의 조상으로서 후손들에게 생생히 살아 있는 아브라함이 떠오릅니다. 하늘의 복과 은혜를 나누어주는 군자가 될 것인가, 아니면 조금 있다가 그저 이슬처럼 스러지고 마는 악인들처럼 바람에 나는 겨와 같은 인생을 살 것인가의 화두가 여기 담겨 있네요. 때마다 일마다 깊이 살피고 헤아리는 마음가짐은 군자에게뿐만 아니라 하늘의 뜻을 따르는 신앙인들에게도 늘 두렵고 떨리는 일이 아닐 수 없습니다.

성서로 만나는
중용의 세계

좁은 문

子曰 中庸其至矣乎 民鮮能久矣

공자는 말한다. 중용의 세계는 과연 지극하도다. 사람마다 좀처럼 오래 이루기가 어렵구나.

마 7,13-14

좁은 문으로 들어가라. 멸망으로 인도하는 문은 크고 그 길이 넓어 그리로 들어가는 자가 많고, 생명으로 인도하는 문은 좁고 길이 협착하여 찾는 이가 적음이니라.

시골에 내려가 5일장 혹은 3일장이 열리는 곳에 가면, 놀라운 풍경을 만나게 됩니다. 그저 한갓진 시골 길바닥이었는데, 어디서 몰려왔는지 갑자기 온갖 사람들이 꾸역꾸역 모여드는 모습은 적잖이 볼 만하지요. 이윽고 보따리를 펼쳐 놓고 서로가 온갖 필요한 것을 내놓고 가져가느라 북적북적하기에, 장터는 웬만한 극장이나 잔칫집보다 더 떠들썩한 법입니다.

그런데 제각기 필요한 볼 일을 웬만큼 보고 나면, 어느덧 뉘엿뉘엿 파장입니다. 그러면 사람들로 북적대며 떠들썩하던 장터는 이내 휑하니 허허벌판으로 바뀌어 버리고 말지요. 그득하던 좌판대가 하나 둘 걷히면서 썰렁하기 그지없는 모습으로 변해 가는 것을 가만히 지켜보고 있노라면, 마음까지 텅 비어 버리는 느낌이라 쓸쓸하기가 인생 말년을 보는 듯합니다.

그런데 중용의 세계는 떠돌이 장돌뱅이들이 부랴부랴 짐 싸들고 떠나 버린 장터처럼 텅 비어 버린 세상이 아닙니다. 그래도 여전히 땅에 터잡고 우뚝하게 버티고 있는 터줏대감이 남아 있다는 말이지요. 매일 매일 밥 짓는 이들을 위해서 쌀집이 있어야 하는 법이고, 인생길에서 하루가 멀다 하고 마주치게 마련인 관혼상제를 위해서 포목상 역시 그대로 남아 있게 마련입니다.

아무도 지나지 않는 산길에 오롯이 피어 있는 들꽃은 또 어떻습니까. 누구를 찾는 것도 아니고, 누가 보아 주기를 기다리는 것도 아닙니다. 공중에 나는 새들의 지저귐 또한 그렇습니다. 어느 양반이 들어 주기를 바라고 우짖는 것이 아니니까 말이지요. 무릇 하나님이 돌보시는 삼라만상의 신비가 다 그렇습니다.

북치고 장구치듯 요란하기 이를 데 없는 장터에서, 무지렁이 인생들은 떠들썩한 세상살이에 부대끼며 열심히 살아갑니다. 그러다가 문득 우리네 삶이라는 것이 마치 아무렇게나 던져 놓은 것처럼, 산골짜기 꽃이나 공중의 새들 그것과 다를 바 없다는 생각에 이르게 되지요. 눈을 들어 가만히 돌아볼 수 있다면, 우리는 어디에서나 지극한 중용의 세계를 만날 수 있는 셈입니다.

—4장—

우리가 지금은 길 가는 나그네

子曰 道之不行也 我知之矣 知者過之 愚者不及也 道之不明也
我知之矣 賢者過之 不肖者不及也 人莫不飮食也 鮮能知味也

공자는 말한다. 도(道) 이룸의 어려움을 나는 잘 안다. 아는 자는
지나치기 쉽고, 어리석은 이는 제대로 미치지 못한다. 도 밝히는
것이 쉽지 않음을 나는 잘 안다. 지혜로운 자는 지나치기 쉽고, 모
자른 자는 이르기가 어렵다. 사람마다 한결같이 끼니를 거르지
않거니와, 그 맛을 제대로 아는 이는 적다.

고전 9,25-27

이기기를 다투는 자마다 모든 일에 절제하나니 저희는 썩을 면류
관을 얻고자 하되 우리는 썩지 아니할 것을 얻고자 하노라. 그러므

로 내가 달음질하기를 향방 없는 것같이 아니하고 싸우기를 허공을 치는 것같이 아니하여 내가 내 몸을 쳐 복종하게 함은, 내가 남에게 전파한 후에 자기가 도리어 버림이 될까 두려워함이로다.

참으로 중용의 세계는 헤아리기 힘든 것 같습니다. 그래서 인지 바울은 이렇게 말하지요. "그런즉 선 줄로 생각하는 자는 넘어질까 조심하라."(고전 10,12) 그런데 사실 가만히 들여다 보면, 문제는 그보다 조금 더 심각하네요. 로마의 형제들에게 보내는 다음과 같은 바울의 편지를 보면, 무척이나 무거운 분위기가 엿보이기 때문입니다. "오호라 나는 곤고한 사람이로다. 이 사망의 몸에서 누가 나를 건져내랴."(롬 7,24)

그런 까닭에 이사야서에서는 이토록 넘어지고 자빠지기 쉬운 세상살이에 매이기보다는, 힘 있게 독수리처럼 날아오르는 세계를 보여주는 것인지도 모릅니다. "소년이라도 피곤하며 곤비하며 장정이라도 넘어지며 자빠지되, 오직 여호와를 앙망하는 자는 새 힘을 얻으리니 독수리의 날개 치며 올라감 같을 것이요 달음박질하여도 곤비치 아니하겠고 걸어가도 피곤치 아니하리로다."(사 40,30-31)

중용에서는 늘 스스로를 돌아보라고 얘기합니다. "내가 원하는 바 선은 하지 아니하고, 도리어 원치 아니하는 바 악은 행하는도다."(롬 7,19)라고 경계했던 바울처럼 말이지요. 하루하루 끼니를 꼬박꼬박 챙기며 살아가기는 하지만, 하늘이 내려주신 밥맛에 걸맞게 살아가고 있는 것일까요. 되돌아보면 그저 부끄럽기 그지없는 인생길이 아닐 수 없습니다. 그래서 해월(海月) 최시형은 '이천

식천'(以天食天)이라는 가르침으로 동학(東學)을 일깨웠나 봅니다. 이런 점에서 인간 세상의 한복판에서 마주치게 되는 이러한 문제는 동과 서 그리고 옛날과 지금이 별반 다르지 않습니다.

일찍이 13경에서도 이를 잘 일깨워 주고 있지요. 이른바 인심도심설(人心道心說)이 바로 그것입니다. "人心은 위태하고 道心은 아득하니, 한결같은 마음으로 중심을 다잡으라: (人心有危 道心有微 惟精惟一 允執厥中" 『尙書』, 大禹謨). 성서에서나 동양고전이나 인간의 연약함은 늘 골칫덩어리였던 셈이지요. 이를 바탕으로 신유교에서는 수많은 현자들이 하늘의 이치와 인간의 갈 바를 헤아리면서, 동아시아 정신세계의 새로운 지평을 펼쳐 나가게 됩니다.

그러기에 이런 골목길에서, 공자는 『논어』 첫마디를 이렇게 열어놓습니다. '배우고 때맞춰 익히니 이 또한 기쁘지 아니한가.' (學而時習之不亦說乎, 『論語』, 學而) 이런 세계에서는 진리와 배움이 나뉘지 않은 까닭에 인생이 더욱 맛나고 풍요해집니다. 어렸을 때 즐겨 부르던 찬송이 생각나네요. '달고 오묘한 그 말씀, 생명의 말씀은⋯.' 문득 살아 있다는 사실을 일깨워 주는 맛깔난 음식처럼, 말씀 역시 씹으면 씹을수록 헤아릴 수 없는 신령한 세계로 우리를 이끌어 줍니다.

그래서인지 야고보 사도 같은 이는 펄떡펄떡 맛이 살아 있는 신앙에 대해 이렇게 풀어 설명하기도 합니다. '만일 형제나 자매가 헐벗고 일용할 양식이 없는데, 너희 중에 누구든지 그에게 이르되 평안히 가라, 더웁게 하라, 배부르게 하라 하며 그 몸에 쓸 것을 주지 아니하면 무슨 이익이 있으리오. 이와 같이 행함이 없는 믿음은, 그 자체가 죽은 것이라.' (약 2,15-17) 성서 또한 곳곳에서 '이천식천' (以天食天)의 가르침을 일깨우고 있는 셈입니다.

5장

길은 어디에

子曰 道其不行矣夫

공자는 말한다. 도(道)를 찾아보기 심히 어렵도다.

롬 3,10-12

기록한 바 의인은 없나니 하나도 없으며, 깨닫는 자도 없고 하나님을 찾는 자도 없고 다 치우쳐 한가지로 무익하게 되고, 선을 행하는 자는 없나니 하나도 없도다.

세 상살이가 다 그런가 봅니다. 공자 역시 일평생 하늘을 지붕 삼고 돌을 베개 삼아 돌아다니며 힘써 그 도를 이루고자 애를 썼지요. 하지만 바울이 느꼈던 것처럼 좀처럼 다가설 수 없었던 사람들의 어두운 그늘을 보았던 듯합니다. 그 마음을 조금이나마 헤아려 보고자 바울의 로마서 말씀을 나란히 새겨 보았습니다.

따지고 보면, 공자가 살던 춘추전국 시대의 어지럽고 혼란했던 모습은 바로 바울이 로마서에서 토로했던 이런 장면과 크게 다르지 않았을 겁니다. "저희 목구멍은 열린 무덤이요 그 혀로는 속임을 베풀며 그 입술에는 독사의 독이 있고 그 입에는 저주와 악독이 가득하고 그 발은 피 흘리는데 빠른지라. 파멸과 고생이 그 길에 있어 평강의 길을 알지 못하였고, 저희 눈앞에 하나님을 두려워함이 없느니라 함과 같으니라." (롬 3,13-18)

라인홀드 니버(Reinhold Niebuhr)라는 신학자는 '도덕적 인간과 비도덕적 사회' 라는 말을 남겼습니다. 어려운 얘기지만 한마디로 줄여 말한다면, 우리가 사는 현대사회는 일종의 귀신 들린 동네라는 겁니다. 찰리 채플린의 〈모던타임즈〉라는 영화를 아시나요. 공장에서 일하는 찰리 채플린은 하루종일 열심히 나사를 조이고 푸는 작업을 합니다. 그러다가 길거리에서 여성의 단추를 보고 그만 나사로 착각하여 달려드는 웃지 못할 장면도 나오지요.

하나님 모습대로 창조된 원래 인간의 모습은 어느덧 사라져 버렸습니다. 모두가 자본주의라는 괴물에 사로잡혀 그저 기계와 로봇처럼 살고 있는 셈이지요. 우리네 현대사회의 일그러진 모습을 잘 보여주는 작품입니다. 여러분도 잘 아시다시피 히틀러 같은 이는 나찌즘이라는 귀신에 사로잡혀 독일 사람들을 온통 광란의 도가니에 몰아넣고 전쟁을 일으켰지요. 그리고 나아가 유럽과 세계를 그야말로 불바다 만들어 놓았던 것도 기억하실 겁니다.

2012년 오늘은 어떻습니까. 단추 하나로 온 지구를 쑥대밭으로 만들어 버리는 핵무기가 나라마다 창고에 그득하게 쌓여 있고요, 잘살아 보려고 궁리 끝에 만들어 놓은 핵 발전소는 정작 사람조차 얼씬거리지 못하는 공동묘지로 바뀌어 기껏 TV 뉴스에서나 만날 수 있게 되었습니다. 정말 이 세상에 의인이나 선한 것을 찾아볼 길이 없어진 것일까요.

낮엔 해처럼 밤엔 달처럼

子曰 舜其大知也與 舜好問而好察邇言 隱惡而揚善 執其兩端 用其中於民 其斯以爲舜乎

공자는 말한다. 순임금의 그 큰 헤아림이여. 순임금은 묻기를 좋아하며 하찮은 말에도 귀를 기울여, 악을 멀리하고 선을 드높였다. 그 양 극단을 헤아리며 마음으로 백성들을 돌보았으니, 이 또한 순임금이로구나.

히 11,8-12

믿음으로 아브라함은 부르심을 받았을 때에 순종하여 장래 기업으로 받을 땅에 나갈새 갈 바를 알지 못하고 나갔으며, 믿음으로 저가 외방에 있는 것같이 약속하신 땅에 우거하여 동일한 약속을

유업으로 함께 받은 이삭과 야곱으로 너불어 장막에 거하였으니, 이는 하나님의 경영하시고 지으실 터가 있는 성을 바랐음이니라. 믿음으로 사라 자신도 나이 늙어 단산하였으나 잉태하는 힘을 얻었으니, 이는 약속하신 이를 미쁘신 줄 앎이라. 이러므로 죽은 자와 방불한 한 사람으로 말미암아, 하늘에 허다한 별과 또 해변의 무수한 모래와 같이 많이 생육하였느니라.

성서로 만나는
중용의 세계

그래도 모름지기 믿음의 사람은 헤아림이 끝없는 법입니다. 하늘이 무너진 듯 막막하고 힘들 때가 밀려오게 되면, 우리에게 남는 것은 결국 믿음밖에 없습니다. 아브라함이 부르심을 받고 순종하여 본토, 친척, 아비 집을 떠나갈 때, 갈 바를 알지 못하고 나갔다고 성서는 말합니다. 그에게 유일한 대책이라고 한다면, 터무니없는 것같아 보이는 믿음이었겠지요.

그러므로 저 하늘의 수많은 별들 그리고 셀 수 없는 바닷가의 모래알처럼 끝없이 이어지는 축복은, 이처럼 커다란 하나님의 세계를 헤아리는 믿음의 사람에게만 열려지는 셈이네요. 그래서일까요. 한낱 무지렁이에 불과했던 순임금이 어떻게 임금 자리에까지 오를 수 있었는지, 오늘 우리들에게는 그저 수수께끼일 따름입니다. 그런데 공자는 이 비밀을 알고 있었던 것 같습니다. 여기에서 순임금의 큰 헤아림(大知)을 높이 새기고 있으니 말입니다.

이 큰 헤아림의 속내를 가만히 들여다보면, 그저 묻기를 좋아하고 하찮은 말에도 귀를 기울이는 것일 뿐입니다. 어떻게 보면 참 시시하기가 이를 데 없지요. 그렇다고 해서 이리저리 함부로 휘둘리지도 않습니다. 백성들에게 깊은 곳 마음까지 내어 주는 큰 헤아림은 오히려 이같이 대책 없는 순임금이기 때문일 겁니다. 그러니 막판에 다달아 곧 무너질 것같이 위태위태한 지경에서도, 기어코 새롭게 새 세상이 열리는가 봅니다.

성서로 만나는
중용의 세계

빈 수레가 요란하다

子曰 人皆曰 予知 驅而納諸罟獲陷阱之中而 莫之知辟也 人皆曰
予知 擇乎中庸而 不能其月守也

공자는 말한다. 사람들마다 잘 헤아린다고 떠벌이지만, 고난과 역
경에 빠지게 되면 그 피할 바를 알지 못한다. 사람들마다 중용한
다고 말하지만, 채 몇 날을 가지 못하게 마련이다.

마 7,21-23

나더러 주여 주여 하는 자마다 천국에 다 들어갈 것이 아니요, 다
만 하늘에 계신 내 아버지의 뜻대로 행하는 자라야 들어가리라.
그날에 많은 사람이 나더러 이르되 주여 주여 우리가 주의 이름으
로 선지자 노릇하며 주의 이름으로 귀신을 쫓아내며 주의 이름으

로 많은 권능을 행치 아니하였나이까 하리니, 그때에 내가 저희에게 밝히 말하되 내가 너희를 도무지 알지 못하니 불법을 행하는 자들아 내게서 떠나가라 하리라.

성서로 만나는
중용의 세계

어지간히 인생을 겪어 보고 산전수전 공중전까지 치르고 나면, 때때로 사람들은 겁 없이 스스로 떠벌이면서 하늘의 뜻을 안다고 큰소리치기도 합니다. 그러기에 신앙의 세계에서는 늘 이러한 행태를 경계하는 것이 가장 큰 일이라고 말할 수 있을 겁니다. 예수가 그렇게 목소리를 높여 회칠한 무덤이라고 호통하거나 소경이 소경을 인도한다고 매섭게 종교적 위선을 까발리는 것은 다 나름대로 까닭이 있는 셈이지요.

종종 하루살이는 걸러내고 낙타는 삼켜 버리는 모습은, 이른바 인간 세상에서 율법을 다룬다는 이들의 어리석음을 잘 보여주는 셈입니다. 모름지기 입으로 들어가는 것이 우리를 더럽게 하는 것이 아닙니다.(마 15,11) 그것은 뱃속에 있다가 끝내 찌꺼기로 버려지기 때문이지요. 오히려 입에서 나오는 것이 칼이 되어 서로에게 상처를 입히다가, 끝내는 물고 물리며 동족상잔의 비극으로 이어지게 마련입니다. 때문에 자질구레한 율법의 조항에 묶여 살기보다는 무엇보다 율법의 입법 취지를 깨달아 안식일의 주인으로 살아가는 길을 놓치지 말아야지요. 그래서인지 중용은 이러한 어려움을 역설적으로 표현하고 있는지 모르겠습니다.

가만히 생각해 보면, 제자들 또한 마찬가지였지요. 죽을지언정 주님을 버리지 않겠다고 불끈 두 손을 쥐고 떵떵 큰소리치던 베드로는 어느새 계집종 앞에서 손을 휘저으며 얼굴을 가려야 하는 추

한 모습으로 바뀌지 않았습니까. 닭 울음 소리에 비로소 퍼득 정신이 제대로 돌아와 하염없이 눈물 흘리는 나약하고 초라한 그 모습은 또 그대로 우리의 모습이 아닐 수 없습니다. 이렇듯 우리네 인간사에서 중용의 세계나 믿음의 세계는 어렵기 그지없습니다. 그래서 믿음의 날이 더하면 더할수록 스스로에 대한 두려움도 한 없이 커져만 갑니다.

부르다가 내가 죽을 이름이여

子曰 回之爲人也 擇乎中庸得一善 拳拳服膺而弗失之矣

공자는 말한다. 안회는 훌륭한 사람이다. 중용을 알고 선하게 이루며, 마음에 새겨 부지런하고 결코 잃어버리지 않는다.

요 11:14-16

이에 예수께서 밝히 이르시되 나사로가 죽었느니라. 내가 거기 있지 아니한 것을 너희를 위하여 기뻐하노니 이는 너희로 믿게 하려 함이라. 그러나 그에게로 가자 하신대, 디두모라 하는 도마가 다른 제자들에게 말하되 우리도 주와 함께 죽으러 가자 하니라.

죽음에 이르기까지 도를 잃지 않고 흔들림 없이 하늘의 뜻을 이루어내는 이는 언제 어디서나 눈에 뜨이게 마련입니다. 공자에게는 안회가 바로 그런 사람이었지요. 스승보다 뛰어난 제자였고, 그래서 아깝게 요절하고 말았을 때 공자는 하늘이 자신을 버렸다고 흐느낄 정도였으니까 말입니다. "하늘이 나를 버렸구나, 하늘이 나를 버렸구나."(天喪予 天喪予, 『論語』, 先進)

우리는 흔히 예수의 수제자로 베드로를 손꼽기에 주저하지 않습니다. 그런데 정작 요한복음에서는 정반대의 모습을 보여주고 있네요. 이른바 수제자라고 불리기에 부족함 없을 것 같던 베드로는 끔찍하게도 주님의 실망을 자아내고 있습니다. "네가 나를 위하여 네 목숨을 버리겠느냐. 내가 진실로 진실로 네게 이르노니 닭 울기 전에 네가 세 번 나를 부인하리라."(요 13,38)

이러한 점에서 나사로가 죽었다는 연락을 받고 예루살렘으로 올라가시려던 예수의 옷자락을 붙잡고 극구 말리는 제자들의 모습은 지극히 정상적인 태도라고 보여집니다. 그 지경이라면 불구덩이로 뛰어들려 하는 선생님에게, 우리들이라도 대뜸 이렇게 말하지 않겠습니까. "랍비여, 방금도 유대인들이 돌로 치려 하였는데 또 그리로 가시려 하나이까."(요 11,8)

예수는 그런 제자들을 다독거리며 유대 땅으로 올라가자고 설득하기에 바쁘십니다. 그래서 잠자는 나사로를 깨우러 가겠다고 점잖게 돌려 말하기도 하시네요. 그러나 온통 겁에 질린 제자들은 한마디도 새겨듣는 이가 없으니, 그저 답답할 뿐입니다. 잠들었으면 저절로 깨어나지 않겠느냐 하며 한사코 딴청입니다. 바로 이때 도마의 폭탄 같은 고백이 울려 퍼집니다. '우리도 주와 함께 죽으러 가자.'

우리를 구원해 달라며 호산나를 외치는 군중들의 환호 가운데 영광과 보좌에 앉으시는 것이 아니라, 예수가 죽음을 향하여 예루살렘으로 가야 한다는 사실을 정확하게 알고 있었던 유일한 제자였던 셈이지요.. 그래서일까요. 주님은 부활하신 후, 사랑하는 마리아는 물론이고 그 누구도 만지지 못하게 했던 신령한 몸을 이 제자에게 내어주시는군요. 오직 도마에게만 말이지요. "네 손가락을 이리 내밀어 내 손을 보고, 네 손을 내밀어 내 옆구리에 넣어 보라."(요 20,27)

물론 이때, 도마가 부활하신 예수의 신령한 몸을 만졌다는 기록은 성서 어디에서도 찾아볼 수 없습니다. 다만 그는 이렇게 고백할 뿐입니다. "나의 주님, 나의 하나님!"(요 20,28) 그래서 이후로부터 기독교에서는 이른바 '보지 않고도 믿는 믿음'을 시작합니다.

9장
불가능의 가능성

子曰 天下國家可均也 爵祿可辭也 白刃可蹈也 中庸不可能也

천하와 국가를 다스릴 수도 있고 부귀와 재물도 말아라 할 수 있으며 수많은 칼도 맞을 수 있거니와, 중용은 불가능한 것이다.

고전 13,1-3

내가 사람의 방언과 천사의 말을 할지라도 사랑이 없으면 소리 나는 구리와 울리는 꽹과리가 되고, 내가 예언하는 능력이 있어 모든 비밀과 모든 지식을 알고 또 산을 옮길 만한 모든 믿음이 있을지라도 사랑이 없으면 내가 아무것도 아니요, 내가 내게 있는 모든 것으로 구제하고 또 내 몸을 불사르게 내어 줄지라도 사랑이 없으면 내게 아무 유익이 없느니라.

딱하기 이를 데 없어 보이는 법률에서의 판결 문서를 뒤적거리다 보면, 맨 처음에 입법 취지(立法趣旨)라는 것이 눈에 띄게 마련입니다. 내가 옳으니 네가 그르니 다투기 전, 제일 먼저 그 법이 왜 생겼는가를 찬찬히 따져 보라는 것이지요. 그래서 판결문에서는 법 조항에 따른 판결을 내리기 전에 먼저 반드시 그 입법 취지를 명확히 합니다. 그 이후에 이에 따라서 다툼이 있는 사건 내용을 짚어 보고 잘잘못을 가리는 판결문이 이어지구요.

역사를 들여다보는 이들에게도 비슷한 문제가 있습니다. 이른바 봉건제 사회에서 늘 주요하게 다루어지는 종묘사직에 관한 문제인데요. 종묘(宗廟)는 왕조의 정통성과 관계되고, 사직(社稷)이란 나라의 근본에 관한 것입니다. 그래서 임금은 해마다 빠지지 않고 종묘와 사직에 제례를 올리며, 스스로를 다잡는 시간을 가집니다. 그런데 종묘와 사직 가운데, 과연 어느 것이 더 중요할까요. 끝내 이를 헤아리지 못한 이들은 왕조는 물론이거니와 나라와 국토까지 오랑캐에게 빼앗기고 말았습니다.

종교의 가르침에 있어서도 마찬가지 물음이 늘 어른거립니다. 예수가 하나님의 뜻을 선포하며 죽음에 몰렸던 것도 바로 이러한 문제에서 비롯되기 때문이지요. 사람들은 종종 잊어버립니다. 사람이 안식일을 위해 존재하는 것이 아니라, 안식일이 사람을 위해 존재하는 것이라는 지극히 평범한 진리 말입니다.(막 2,27) 그런데

도 인간 세상에서 이러한 가르침을 일깨우는 일은 그리 간단치가 않습니다. 실로 제 목숨을 걸지 않고서는 불가능하다는 점을 예수 십자가 사건에서 발견하기 때문입니다.

2천 년 전, 히브리 세계를 뛰어넘어 오만 잡것들이 뒤섞여 복잡하기 그지없는 너른 희랍 세계에서 사랑이라는 복음의 정신을 전파할 때에도 마찬가지입니다. 그래서 바울 또한 끊임없이 이러한 문제를 일깨우고 있군요. 이렇듯 보편성이라는 주제를 다루고 있는 중용의 세계와 복음의 세계는 늘상, 어리석은 인간 세상을 헤쳐 나가야 하는 무지렁이들에게 불가능한 가능성으로 남아 있습니다.

나라를 지키라고 맡겨 놓은 총칼을 들고 도리어 시민들을 무참하게 짓이겨 놓은 어이없는 이들이, 나라의 지도자라고 뻔뻔스럽게 얼굴을 내밀기도 하는 세상입니다. 유전자를 장난감 삼아 주물럭거리면서 천년 만년 살 것같이 떠들썩한 이들도 있고요, 온통 산을 깎고 바위를 부수며 강을 파헤쳐 물길을 막아 놓고서 단군 이래 최대의 천지 개벽이라고 제 잘난 맛에 흐뭇해하는 엉터리없는 나랏님들까지 떠억하니 자리잡고 있습니다.

북치고 장구치며 요란스레 떠들썩한 잔칫집에 정작 먹을 것 없다는 말처럼, 그 속에 사랑이 없으면 아무것도 아니라는 사실을 중용의 세계는 한마디로 일깨워 주는 셈입니다. 모름지기 입법 취지를 잃어버린 세상은 반석이 아니라 모래 위에 지은 집일 뿐입니다. 언젠가 비가 오고 물 나면 하루아침에 그저 횅하니 사라져 버리는 신기루이기 때문이지요.

누가 누가 강할까

子路問强 子曰 南方之强與 北方之强與 抑而强與 寬柔以教 不報

無道 南方之强也 君子居之 衽金革 死而不厭 北方之强也 而强者

居之 故君子和而不流 强哉矯 中立而不倚 强哉矯 國有道不變塞焉

强哉矯 國無道至死不變 强哉矯

자로가 강함을 물으니 공자가 말한다. 남방의 강함도 있고 북방
의 강함도 있으며, 너의 강함도 있다. 너그럽게 다독이고 함부로
날뛰지 않음이 남방의 강함이니 군자가 이를 따른다. 갑옷과 창
검을 차고 죽어도 두려움이 없으니 북방의 강함이고 강한 이들이
따른다. 그런 까닭에 군자는 어우러지되 휩쓸리지 않으니, 강하기
가 이를 데 없구나. 치우치지 않고 우뚝하니 강하기가 이를 데 없
구나. 나라에 도(道)가 있어 흐트러짐 없으니, 강하기가 이를 데 없

구나. 나라에 도가 없어 죽어도 거리낌 없으니, 강하기가 이를 데 없구나.

렘 2,36-37

네가 어찌하여 네 길을 바꾸어 부지런히 돌아다니느뇨. 네가 앗수르로 인하여 수치를 당함같이 애굽으로 인하여 수치를 당할 것이라. 네가 두 손으로 네 머리를 싸고 거기서도 나가리니, 이는 네가 의지하는 자들을 나 여호와가 버렸으므로 네가 그들을 인하여 형통치 못할 것임이니라.

조선을 건국한 태조는 많은 백성의 희생을 무릅쓰고 사대문과 사소문으로 둘러 쌓인 성곽 도시를 만듭니다. 그런데 정작 북쪽 오랑캐나 바다 건너 왜적이 쳐들어왔을 때는 아무런 소용이 없었지요. 그래서 뒤이어 임금들이 북한산성, 남한산성과 같은 험준한 지형을 이용해 산성을 쌓고 나름대로 대비책을 마련하기도 하지만, 결과는 삼전도 굴욕같이 더 큰 어려움을 당할 뿐이었습니다. 나라가 거의 무너지는 지경에 이를 때까지도 나랏님들은 정신을 차리지 못합니다. 그래서 탕춘대성(蕩春臺城)과 같이 도성과 산성까지 연결하면서 아예 전 국토의 요새화(?)로 발버둥을 쳐 봤지만, 결국 힘없이 넘어가는 나라를 바라보면서 고관대작들은 너도 나도 앞다투어 나라 팔아먹기에 나서게 됩니다. 그리고 힘들여 쌓은 성벽은 무너져 산짐승들의 놀이터가 되고 말지요.

이러한 모습은 우리나라나 유대 땅이 별로 다를 바 없습니다. 찌를 듯한 성벽이나 칼과 창으로 나라를 지켜 보려는 것이 인간의 마음이지만, 거꾸로 시편에서는 이렇게 노래합니다. "군대로 구원 얻은 왕이 없으며, 용사가 힘이 커도 스스로 구하지 못하는도다. 구원함에 말[馬]은 헛것임이여. 그 큰 힘으로 구하지 못하는도다."(33:16-17) 나라에 도(道)가 버젓이 살아 있고, 의로운 이들이 혼들리지 않고 믿음으로 지켜 나가면 세상에 그 무엇이 두려울 리 있겠습니까마는….

성서로 만나는
중용의 세계

그러기에 믿음의 사람은 모름지기 사람이나 세상에 의지하지 않는 법입니다. 물론 그렇다고 해서 세상을 부정하지도 않지요. 그러므로 화이불류(和而不流)입니다. 세상과 어우러져 살아가지만, 그렇다고 세파에 휩쓸리는 법이 없습니다. 이스라엘 역사에서 수없이 되풀이되는 모습이 있는데요. 이는 하늘의 뜻을 거슬러 사람이나 병기나 강대국에 의지하려다가 결국에는 환난과 역경을 당하고 나라까지 잃어버리는 어리석은 이들의 발걸음입니다.

공자가 말하는 화이부동(和而不同)이나 화이불류(和而不流)의 세계 이해는 변화무쌍한 동아시아 역사 속에서 바라보아야 할 진정한 강자의 의미를 밝혀 줍니다. 물론 창검으로 무장하고 번쩍번쩍 갑옷으로 휘감으면, 괜스레 든든해지고 우쭐한 마음이 들기도 하겠지요. 그러나 높다란 성벽도 무너지게 마련이고, 전쟁터의 용맹한 장수 역시 죽음을 피할 수 없는 나약한 존재일 뿐입니다.

그러기에 강대국에 도움을 구하고 달라붙는 것도 잠시 한 순간일 뿐입니다. 또 다른 강대국이 나타나면 쓸쓸히 사라지고 말기 때문이지요. 백여 년 전 조선의 임금들과 고관대작들 역시 늙은 창녀의 모습처럼 여기저기 강대국들에게 치마를 들춰 보았지만, 비극의 역사로 끝나지 않았습니까. 그래서 중용은 나라에 도(道)가 있는 것이 가장 큰 무기를 갖춘 것으로 보았고, 성서에서도 헛되이 사람이나 강대국에 구걸하지 말라고 말씀하는 것이겠지요.

흔들리지 않는 사람

子曰 素隱行怪 後世有述焉 吾弗爲之矣 君子遵道而行 半塗而廢
吾弗能已矣 君子依乎中庸 遯世不見知而不悔 唯聖者能之

공자가 말한다. 호들갑으로 꼬드기니 사람들이 떠들썩하되 내 어
찌 따르리오. 군자는 한결같이 도(道)를 따르되 그렇지 않으면 내
치니, 내 우러러볼 뿐이라. 군자는 중용을 따라 살며 세상에서 물
러나 얻을 것이 없어도 흔들리지 않는다. 이는 오로지 성자(聖者)
일 뿐이라.

마 12,39

예수께서 대답하여 가라사대 악하고 음란한 세대가 표적을 구하
나 선지자 요나의 표적밖에는 보일 표적이 없느니라.

요즘 세상은 온통 요지경 속입니다. 이른바 시청률을 올리기 위하여 매스컴마다 너나없이 악다구니하는 것도 그렇거니와, 정치인들이 입발림으로 사람들을 어르고 꼬드기는 것은 조삼모사(朝三暮四)라는 옛말처럼 그 뿌리가 깊습니다. 나라를 다스린다고 하는 지도자들은 물론이고, 이들을 따라 이리저리 휩쓸려 다니는 무리들 또한 어쩔 수 없이 한통속인 우리네 인생사를 그대로 보여줍니다. 오늘날 돈이 하나님이 되어 버린 세상에서, 하나님의 뜻을 얘기하는 것은 호랑이 담배 피던 시절 타령을 하는 꼴입니다.

그래서인지 성서를 보면, 유대인들은 궁리 끝에 표적으로 세상을 구별해 보기로 합니다. 헬라인들이 세상을 헤아리는 도구로 지혜를 선택하였듯이 말이지요. 그런데 헬라인이면서 동시에 유대인이었던 바울은 많이 다른 모습입니다. 세상 사람들이 뭐라하든 전혀 상관치 않거든요. 그래서인지 유대인으로서 자랑스럽기 그지없는 가말리엘 문하라는 그럴듯한 간판조차도 내세우지 않습니다. 이른바 로마 시민권이라는 당당한 헬라 문화의 계급장도 배설물처럼 여길 정도이니 더 말할 나위가 없겠지요.

그리고 한결같이 풍찬노숙 떠돌면서, 죽는 날까지 진리와 믿음의 사람으로 살기를 포기하지 않습니다. "유대인은 표적을 구하고 헬라인은 지혜를 찾으나, 우리는 십자가에 못 박힌 그리스도를 전하니, 유대인에게는 거리끼는 것이요, 이방인에게는 미련한 것이로되 오직 부르심을 입은 자들에게는 유대인이나 헬라인이나 그리스도는 하나님의 능력이요 하나님의 지혜니라."(고전 1,22-24)

그러기에 군자와 성자와 믿음의 사람이 걷는 길은 한결같이 거세게 휘몰아치는 세상 풍파에도 흔들리지 않는 법입니다. 예수가 떠들썩한 표적으로 사람들을 겁박하지 않은 이유가 여기 있습니다. 다만 거대한 니느웨 성에 홀로 떡 남겨진 요나의 모습을 통하여 예언자의 고단한 삶을 보여줍니다. 큰 물고기 뱃속에 죽은 듯 누웠다가 새롭게 태어나는 비유를 표징으로 하여 발걸음을 옮겼을 뿐입니다.

나의 누이, 나의 신부여

君子之道費而隱 夫婦之愚 可以與知焉 及其至也 雖聖人亦有所
不知焉 夫婦之不肖 可以能行焉 及其至也 雖聖人亦有所不能焉
天地之大也 人猶有所憾 故君子語大 天下莫能載焉 語小天下莫
能破焉 詩云 鳶飛戾天 魚躍于淵 言其上下察也 君子之道 造端
乎夫婦 及其至也 察乎天地

군자의 도는 은근하면서 오묘하다. 그런 까닭에 우리네 부부의
일로써 잘 헤아릴 수 있다. 그 깊고 오묘한 바는 성인이라도 미처
다 헤아릴 수 없다. 서로 다른 부부가 만나, 새로운 세상이로구나.
그 깊고 오묘한 바는 성인이라도 따르지 못할 바이다. 천지가 크
다 하나, 오히려 사람 또한 이에 못지않은 바 있다. 그런 까닭에
군자의 글이 지극하면 천지라도 다 감당할 수 없으며, 군자의 글

이 보잘 것 없어도 천하의 그 누가 어찌하겠는가. 시경은 노래한
다. 솔개가 하늘로 치솟으며 고기가 연못에서 뛰논다. 이는 세상
만사를 깊이 살펴 말한 것이다. 군자의 도는 부부의 도리에서 시
작하여 지극한 데로 나아가 천지에까지 이른다.

아 2,10-12

나의 사랑하는 자가 내게 말하여 이르기를 나의 사랑, 나의 어여
쁜 자야 일어나서 함께 가자. 겨울도 지나고 비도 그쳤고 지면에
는 꽃이 피고 새의 노래할 때가 이르렀는데, 반구의 소리가 우리
땅에 들리는구나.

진리라는 문제나 신앙의 세계에는 한결같이 헤아리기 어려운 까탈스러운 측면이 숨어 있습니다. 일례로 믿음의 조상 아브라함의 경우을 보면, 하나님과의 사이에 웃지 못할 승강이가 벌어집니다. 마치 부부 사이의 베갯머리 송사를 하는 것처럼 아브라함과 하나님은 밀고 당기며 짝자꿍이군요. 이처럼 소돔과 고모라를 멸망시키는가 구원하는가의 문제를 놓고 아옹다옹하는 모습은, 마치 장사치들 흥정처럼 불경스러워 차마 입에 올리기조차 조심스럽네요. (창 18,22-33)

그런데 인간 세상을 가만히 들여다보면, 이렇듯 바짓가랑이를 부여잡고 애걸복걸하는 것이 대부분입니다. 구약성서의 모세 역시 출애굽 사건에서 하나님과 이러한 승강이를 되풀이하곤 하지요. 이는 금송아지 사건을 경험한 하나님이 진노하시면서 그만 이스라엘로부터 발길을 돌리셨던 것에서 비롯됩니다. "나는 너희와 함께 올라가지 아니하리니, 너희는 목이 곧은 백성인즉 내가 중로에서 너희를 진멸할까 염려함이니라 하시니…." (창 33,3)

그래도 노여움 가운데에서도 사랑하고 아끼는 하나님의 마음을 재빨리 알아차린 모세는 이렇게 찰싹 달라붙습니다. "주께서 친히 가지 아니하시려거든 우리를 이곳에서 올려 보내지 마옵소서." (창 33,15) 가만히 보면 그 하나님에 못지않은 그 심부름꾼이 아닐 수 없습니다. 그러니 천하의 하나님인들 어찌하겠습니까. 별다른 도리가 없지요. 이렇듯 찰거머리같이 들러붙는 데에는 하나님이라도 두 손 들 수밖에 없답니다. 그래서 끝내 이렇게 말씀하시네요. "내가 친히 가리라. 내가 너로 편케 하리라."(창 33,14)

그래서일까요. 신약성서에서 바울 역시, 이 세상에서 가장 좋은 길을 보여주겠다고 하며 다음과 같이 말합니다. "사람의 방언과 천사의 말을 할지라도 사랑이 없으면 소리나는 구리와 울리는 꽹과리가 되고…."(고전13,1) 심지어 자기 몸을 불사르게 내어준다고 해도 사랑이 없으면 아무런 소용이 없다고 말할 정도이니, 더 이상 말할 나위가 없겠지요.

그러기에 뭐니뭐니 해도 구약성서의 보물은, 한구석에 오롯이 숨어 있는 아가서에서 드러나지요. 이제 겨울이 지나고 비도 그쳤다고 팔레스틴의 봄을 노래합니다. 바야흐로 입춘도 지나고 대보름의 훤한 달도 보았으니, 곧 우수에다가 경칩이란 말입니다. 만물이 살아 꿈틀거리는 삼라만상의 진리를 마주하는 때 아닙니까. 그래서 아가서의 주인공은, '나의 어여쁜 자야, 일어나 함께 가자'고 노래하는군요. 바로 이때 이런저런 핑계 때문에 자리에서 일어나지 못한다면, 새로운 창세기는 물건너가고 맙니다.

릴케(R.M. Rilke) 역시 전쟁과 광란의 그림자가 무겁게 내려앉은 유럽땅에서 이러한 아름다운 진리를 엿보았던 것일까요. 그래서 아름다운 아가서의 이야기를 빌려와, 울기도 하고 웃기도 하는 인

간 현상을 노래합니다. 그리고 이를 들여다볼 수 있도록 실마리
를 우리에게 남겼습니다. "나의 누이여, 나의 신부여!" 점잖게 돌
려 말하는 중용의 말씀을 잘 풀어준 것 같지요.

등잔밑이 어둡다

子曰 道不遠人 人之爲道而遠人 不可以爲道 詩云 伐柯伐柯 其
則不遠 執柯以伐柯 睨而視之 猶以爲遠 故君子以人治人 改而止
忠恕 違道不遠 施諸己而不遠 亦勿施於人 君子之道四 丘未能一
焉 所救乎子 以事父未能也 所求乎臣 以事君未能也 所救乎弟
以事兄未能也 所救乎朋友 先施之未能也 庸德之行庸言之謹 有
所不足 不敢不勉 有餘不敢盡 言顧行 行顧言 君子 胡不慥慥爾

공자는 말한다. 도(道)란 다름 아닌 사람의 일이다. 도를 이룬다 하
면서 사람을 떼놓고 말한다면 도라고 할 수 없다. 시경은 말한다.
나무를 베어야지 베어야지 하면, 이는 그리 어렵지 않다. 도끼를
잡고 나무를 베어야 하는데, 물끄러미 쳐다보기만 하니 날 새는
것이다. 그런 까닭에 군자는 사람을 세워 사람을 다스리고 마무

리한다. 충서(忠恕)란 도를 벗어나 멀리 있지 않다. 스스로 돌아보아 벗어나지 않으며, 구태여 남 탓하지도 않는다. 군자의 도는 네 가지인데, 무릇 한가지도 쉬운 일이 없다. 자식에게 구하는 바가 바로 부모 섬기는 도 아니겠느냐. 아랫사람에게 구하는 바가 바로 윗사람 섬기는 도 아니겠느냐. 동생에게 구하는 바가 바로 형님 대하는 도 아니겠느냐. 벗에게 구하는 바가 바로 먼저 베풀어야 하는 도 아니겠느냐. 늘상 덕을 베풀고 함부로 말하기를 삼가라. 부족하면 힘써 애쓰고 틈 나는 대로 힘써 이룬다. 말할 때 행동할 것을 생각하고, 움직일 때마다 곱씹어 보라. 군자가 어찌 든든하지 않으리오.

약 2,14-17

내 형제들아 만일 사람이 믿음이 있노라 하고 행함이 없으면 무슨 이익이 있으리오. 그 믿음이 능히 자기를 구원하겠느냐. 만일 형제나 자매가 헐벗고 일용할 양식이 없는데, 너희 중에 누구든지 그에게 이르되 평안히 가라, 더웁게 하라, 배부르게 하라 하며 그 몸에 쓸 것을 주지 아니하면 무슨 이익이 있으리오. 이와 같이 행함이 없는 믿음은 그 자체가 죽은 것이라.

도 (道)라는 것도 그렇거니와, 믿음의 세계라는 것 역시 어느 날 갑자기 하늘에서 뚝 떨어진 것이 아닙니다. 제 잘난 맛에 나대다가 그만 길 잃어 버벅거리고 헤메이던 인생들이, 하나 둘씩 하늘을 우러르며 찬찬히 갈 바를 헤아리기 시작한 것이라는 말이지요. 그러기에 하늘나라와 사람의 일은 각각 따로 떨어진 것이 아닙니다. 하늘의 뜻이 곧 사람 세상의 일이고, 이는 뒤집어보아도 역시 마찬가지입니다.

중용에서와는 달리 이를 뒤늦게 깨달은 서구에서는, 근대에 이르러 포이에르바하(L.A. Feuerbach)라는 사람이 나타나 '신학은 곧 인간학이다' 라고 크게 외치게 되지요. 뿐만 아니라 이에 잇달아 내친김에 천둥벌거숭이처럼 냅다 하늘과 땅을 뒤집어엎는 이들까지 나타나게 됩니다. 이 바람이 지구를 한 바퀴 돌다가 다시금 오늘의 중국 대륙에 떠억하니 자리 잡게 되었으니 세상 참 좁은 것 같습니다.

아마도 믿음이 좋다고 떠벌이면서도 정작 생활이 변변치 못한 경우가 많기 때문에, 세상에 이런 일들이 생기는 것이라고 봅니다. 예수께서 특별히 믿음이 좋다고 하는 제사장, 서기관, 바리새인들을 탓하는 이유가 바로 여기 있습니다. 그렇다면 오히려 선한 사마리아 사람이 하나님 뜻에 더 가까운 셈입니다. 중용에서 군자나 도의 세계를 말하는 바도 이러한 가르침에서 그리 멀지 않을 겁니다.

앞에서 야고보 사도가 그렇게도 실천하는 믿음을 역설한 것도 역시 예수님이 뜻하셨던 바와 크게 다르지 않습니다. '남에게 대접을 받고자 하는 대로 남을 대접하라.' (마 7,12)는 가르침은 입장을 바꾸어 생각한다면 하늘이 일러 주기 이전에 사람이면 누구나 스스로 바라는 바이기도 합니다.

그래서일까요. 이런 우스개도 생겨났습니다. 어느 목사님 사모께서 이불을 싸들고 강대상에 올라오셨는데, 하시는 말씀이 걸작입니다. 강대상의 목사님은 천사와 다를 바가 없으니, 차라리 집보다는 여기서 살림하는 것이 낫다나 어쩐다나….

성서로 만나는
중용의 세계

바람처럼 물처럼

君子 素其位而 行不願乎其外 素富貴行乎富貴 素貧賤行乎貧賤
素夷狄行乎夷狄 素患難行乎患難 君子 無入而不自得焉 在上位
不陵下 在下位不援上 正己而不求於人則無怨 上不怨天 下不尤
人 故君子居易以俟命 小人行險以徼幸 子曰 射有似乎君子 失諸
正鵠 反求諸其身

군자는 스스로 돌아보아, 넘치는 것을 바라지 않는다. 부귀를 알
아 이에 벗어남이 없으며, 빈천을 알아 이 또한 거리낌이 없다. 오
랑캐를 알아 어우러져 스스럼이 없고, 환난을 당하지만 그 어떤
두려움도 없다. 군자는 성급하지도 않고, 무턱대고 들이대지도 않
는다. 지위가 높을 때 아랫사람을 무시하지 않으며, 아랫사람으로
서 윗사람에게 기대어 바라지도 않는다. 스스로를 다잡을 뿐 사

람에게 기대지 않으니, 원망할 일도 없다. 위로 하늘을 탓하지 않고, 아래로 사람을 무시하지 않는다. 그런 까닭에 군자는 스스럼 없이 하늘을 따르나, 소인은 생뚱맞게 요행을 바란다. 공자는 말한다. 짐짓 군자를 바라나, 그 바탕을 잃으면 돌이켜 제 몸을 살피라.

___

빌 4,11-3

내가 궁핍하므로 말하는 것이 아니라 어떠한 형편에든지 내가 자족하기를 배웠나니, 내가 비천에 처할 줄도 알고 풍부에 처할 줄도 알아, 모든 일에 배부르며 배고픔과 풍부와 궁핍에도 일체의 비결을 배웠노라. 내게 능력 주시는 자 안에서 내가 모든 것을 할 수 있느니라. 그러나 너희가 내 괴로움에 함께 참예하였으니 잘하였도다. 빌립보 사람들아 너희도 알거니와 복음의 시초에 내가 마게도냐를 떠날 때에 주고 받는 내 일에 참예한 교회가 너희 외에 아무도 없었느니라.

중용에서 군자가 살아가는 방식이나 성서에서 사도바울이 살아가는 방식은, 시대가 다르고 동서(東西)가 다르지만 놀랍게도 닮은꼴입니다. 복음의 세계와 군자가 바라보는 중용의 세계가 동전의 앞뒷면처럼 하나를 이루고 있다는 말이지요. '회개하라. 천국이 가까웠느니라.' (마 3,2)고 선포하며 새로운 시대를 일구어 놓았던 세례요한도 이와 다를 바 없습니다. 그는 새로운 삶에 관해 이렇게 일러 줍니다.

"대답하여 가로되 옷 두 벌 있는 자는 옷 없는 자에게 나눠줄 것이요 먹을 것이 있는 자도 그렇게 할 것이니라 하고, 세리들도 세례를 받고자 하여 와서 가로되 선생이여, 우리는 무엇을 하리이까 하매 가로되 정한 세 외에는 늑징치 말라 하고, 군병들도 물어 가로되 우리는 무엇을 하리이까 하매, 가로되 사람에게 강포(強暴)하지 말며 무소(誣訴)하지 말고 받는 요(料)를 족한 줄로 알라 하니라." (눅 3,10-14)

하나님 나라가 도깨비방망이 놀음처럼 하늘에서 뚝 떨어질 리 없습니다. 제 몸을 되돌아보고 이웃의 형편과 사정을 헤아릴 줄 아는 데서 비롯된다는 뜻이지요. 이렇듯 스스로 살피고 헤아리며 그 어떤 걸리적거림도 없는 이들의 삶은 바로 하나님 나라의 군불을 지펴대는 아궁어가 됩니다. 이렇듯 불씨를 소중하게 간직한 이들의 품안에서 하나님 나라는 무럭무럭 자라나지요.

신약성서의 바울은 이러한 비밀을 빌립보에 있는 믿음의 식구들에게 넌지시 일러줍니다. 그러므로 빌립보에 있는 믿음의 식구들은 바울과 더불어 모두가 이 하늘나라 비밀의 주인공으로 등장합니다. 그런데 이렇듯 스스럼없이 하늘을 따르는 군자의 삶이나 자족(自足)할 줄 아는 하나님 나라의 역사는 알고 보면 그 뿌리가 깊습니다.

요행을 바라거나 짐짓 군자의 모습을 꾸미는 것이 아니라, 바울이 복음의 첫발을 내딛던 바로 그 때부터 꾸준하게 흔들림 없이 그 뜻을 이어왔기 때문입니다. 그래서 바울은 그렇게 덧붙인 것이겠지요. "복음의 시초에 내가 마게도냐를 떠날 때에 주고받는 내 일에 참예한 교회가 너희 외에 아무도 없었느니라." 이와 같이 초기 기독교 역사의 뒤안길에서 빌립보 지역에는 군자들이 한둘이 아니었던 모양입니다.

성서로 만나는
중용의 세계

하나님이 우리 옆집에 살고 있네요

君子之道 辟如行遠必自邇 辟如登高必自卑 詩曰 妻子好合 如鼓
瑟琴 兄弟旣翕和樂且耽 宜爾室家 樂爾妻帑 子曰 父母其順矣乎

군자의 길이란 먼 길 가려고 첫걸음 내딛는 것 같고, 높은 곳 오르
려고 기슭에 다가서는 것과 같다. 시경(詩經)은 말한다. 처와 자식
들이 어우러지니 북과 거문고가 울려퍼짐 같고, 형제끼리 너나없
이 어우러지니 기쁨과 즐거움이 가득하다. 네 집안은 화목하고
네 가족 또한 즐겁기 그지없다. 공자는 말한다. 아 부모의 내리사
랑이여!

마 5,23 - 4

그러므로 예물을 제단에 드리다가 거기서 네 형제에게 원망 들을
만한 일이 있는 줄 생각나거든, 예물을 제단 앞에 두고 먼저 가서
형제와 화목하고 그 후에 와서 예물을 드리라.

음 식남녀(飮食男女)라는 말이 있습니다. 진리의 길이라는 것, 인생이라는 것이 그리 거창하거나 별다를 것이 없다는 뜻이지요. 밥 짓고, 빨래하고, 장작 패고, 마당 쓰는 것 그리고 차 한 잔 마시는 것이라는 얘기입니다. 중용에서 말하는 군자의 길 역시 이처럼 지극히 평범하기 이를 데 없습니다. 천릿길도 한 걸음부터라고 했던가요. 모름지기 처자식들과 함께 하하호호하는 것, 형제자매와 어우러져 동고동락하는 것이 바로 사람 사는 마을에서 진리에로 나아가는 첫걸음이기 때문입니다.

그런데 가만히 들여다보면, 성서에서는 더욱 그렇습니다. 하나님을 섬긴다는 것은 근사한 성전에서 그저 입에 발린 말을 늘어놓는 것으로 끝나지 않습니다. 그보다 더 중요한 것이 있는데, 그것은 먼저 형제자매와 화목하게 지내는 일입니다. 모름지기 이런 이후에야 비로소 제사 드릴 자격이 생긴다는 말이지요.

무엇보다 이것은 바로 예수님이 강조하신 율법의 주요한 가르침으로 나타납니다. "너희는 가로되 사람이 아비에게나 어미에게나 말하기를 내가 드려 유익하게 할 것이 고르반, 곧 하나님께 드림이 되었다고 하기만 하면 그만이라 하고, 제 아비나 어미에게 다시 아무것이라도 하여 드리기를 허하지 아니하여 너희의 전한 유전으로 하나님의 말씀을 폐하며 또 이 같은 일을 많이 행하느니라."(막 7,11-13)라는 겁니다.

믿음이라는 허울좋은 껍데기를 내세우지만, 종종 뒷구멍으로 호박씨 까는 이들을 향해 하시는 말씀입니다. 그러기에 만에 하나 '고르반' 한다면, 그것은 거짓 믿음일 경우가 백 퍼센트입니다. 보이는 형제자매 부모님도 제대로 못 섬기면서, 어떻게 보이지 않는 하나님을 섬길 수 있겠습니까.(요일 4,20)

그래서인지 일찍이 공자도 이렇게 말씀하신 것이겠지요. "사람의 일도 버벅대는 판에, 어찌 귀신의 일을 함부로 나불대겠는가."(未能事人, 焉能事鬼, 『論語』, 先進) 그런데 이 말을 두고, 종종 학자들 간에도 유교의 종교성을 가지고 왈가왈부하는 이들이 꽤 있습니다. 모름지기 유교란 종교가 아니라는 투로 말하기도 하는데, 이 같은 모습은 공자의 깊은 속내를 미처 헤아리지 못한 데에서 비롯된다고 봅니다.

예수나 공자는 모두 종교라는 허울에 사로잡히기 쉬운 어리석은 이들을 일깨우고 있다는 말입니다. 그래서 늘 잔잔하게 얘기를 풀어놓으시는 권정생 님은 동화책으로 이를 쉽게 깨우치기도 하셨지요. 하나님이 바로 우리 옆집에 새로 이사 오신 늙수그레한 할아버지라고 말입니다.(『하느님이 우리 옆집에 살고 있네요』, 산하, 2000) 이 책을 읽고 나면 이러쿵저러쿵 하는 이들도 잠자코 입을 다물겠지요.

16장

고도를 기다리며

子曰 鬼神之爲德 其盛矣乎 視之而弗見 聽之而弗聞 體物而不可
遺 使天下之人齊明盛服以承祭祀洋洋乎 如在其上 如在其左右
詩曰 神之格思 不可度思 矧可射思 夫微之顯 誠之不可揜如此夫

공자는 말한다. 귀신의 덕이 온 땅에 가득함이여. 보려 해도 볼 수
없고, 귀 기울여도 들을 수 없네. 안과 밖에 아무런 형체가 없는
데, 사람들은 한결같이 엎드려 제사하는구나. 마치 그 위에 오신
것 같고, 좌우에 그윽한 것 같도다. 시경은 말한다. 신의 세계는
좀처럼 알기 어려우니, 어찌 일일이 다 헤아리겠느뇨. 오묘하기
그지없는 성(誠)의 세계는 이토록 알 수 없구나.

요 3,2-8

예수께서 대답하여 가라사대 진실로 진실로 네게 이르노니 사람이 거듭나지 아니하면 하나님 나라를 볼 수 없느니라. 니고데모가 가로되 사람이 늙으면 어떻게 날 수 있삽나이까. 두 번째 모태에 들어갔다가 날 수 있삽나이까. 예수께서 대답하시되, 진실로 진실로 네게 이르노니 사람이 물과 성령으로 나지 아니하면 하나님 나라에 들어갈 수 없느니라. 육으로 난 것은 육이요, 성령으로 난 것은 영이니, 내가 네게 거듭나야 하겠다 하는 말을 기이히 여기지 말라. 바람이 임의로 불매 네가 그 소리를 들어도 어디서 오며 어디로 가는지 알지 못하나니, 성령으로 난 사람은 다 이러하니라.

노벨상을 받았던 사무엘 베케트(S.Beckett)의 「고도를 기다리며」는 부조리한 우리네 삶을 적나라하게 보여주는 작품입니다. 우리나라에서는 장장 42년동안 한 해도 빠짐없이 공연을 해 온 터라 그리 낯설지가 않습니다. 그런데 재미있게도 이 작품에서는 부랑자 두 사람만 나와 두런두런 이야기를 나눌 뿐이고, 처음부터 끝날 때까지 기다리던 고도(Godot)는 결코 나타나지도 보이지도 않습니다. 도대체 고도는 어디 있는 것일까요.

성서에서 하나님의 세계를 묘사할 때는, 대부분의 경우 '바람' 또는 '호흡' 이라는 뜻을 지닌 성령의 형태로 나타납니다. 그래서인지 "땅이 혼돈하고 공허하며, 흑암이 깊음 위에 있고, 하나님의 신이 수면 위를 운행하더라."(창 1,2)는 말씀이 나오지요. 여기 본문에서 하나님의 신이라는 것은 히브리어로 '루아흐' (ruah)라는 단어를 사용합니다. 어원상으로는 바람 또는 호흡이라는 뜻을 담고 있지요.

약간 다르기는 하지만, 사람을 창조할 때도 비슷한 모습이 나타나는데요, "여호와 하나님이 흙으로 사람을 지으시고 생기를 그 코에 불어넣으시니, 사람이 생령이 된지라…"(창 2,7)고 표현하고 있기 때문입니다. 앞에 드러난 대로 요한복음 본문 역시 이러한 전통을 충실하게 따르고 있습니다. 당시 유대 땅의 지도자였던 니고데모와의 대화를 통하여, 예수는 이러한 신령한 세계를 다

성서로 만나는
중용의 세계

시금 일깨워 주었던 셈입니다.

그뿐만이 아닙니다. 바야흐로 중용의 이 부분에서 본격적으로 등장하게 되는 성(誠)이라는 지평도 마찬가지 모습입니다. 이러한 신령한 세계를 그대로 풀어내면서 성이라는 것으로 이름 붙여 놓았기 때문입니다. 때문에 내로라 하는 유교의 대가들조차도 이 부분에 이르면, 선뜻 다가서기 어려운 구석이 엿보이는 것이겠지요.

그런데도 중용에서는 아무런 거리낌 없이 이를 공자 전통에 기대어 나란히 이어 놓았습니다. 게다가 한 걸음 더 나아가 시경(詩經)에까지 그 근원을 끌어 올려놓기도 하는군요. 이러한 까닭에 언뜻 거리가 있어 보이는 원시유교와 신유교는 이른바 성(誠)이라는 지평에서 나뉘지 않고 서로 만나게 되지요.

또한 이 성이라는 디딤돌을 통해, 동아시아 여러 갈래 전승들을 오롯이 한 몸처럼 바라볼 수 있게 되었습니다. 이리저리 바람에 흔들리며, 길 잃고 헤메기 쉬운 것이 진리의 세계입니다. 그러나 이 성이라는 든든한 주춧돌 위에서, 뒤이어 오는 사람들은 옛날과 오늘 그리고 동과 서를 오가며 신령한 하늘의 이치를 맛볼 수 있게 된 셈이네요.

내 뜻대로 마옵시고

子曰 舜其大孝也與 德爲聖人 尊爲天子 富有四海之內 宗廟饗之

子孫保之 故 大德必得其位 必得其祿 必得其名 必得其壽 故天

地生物 必因其材而篤焉 故栽者培之 傾者覆之 詩曰 嘉樂君子憲

憲令德 宜民宜人 受祿于天保佑命之 自天申之 故大德者 必受命

공자는 말한다. 순임금의 효는 참으로 크도다. 성인의 덕을 이루
고 천자의 위엄을 이루었다. 부요함이 온 누리에 미치니, 나라는
평안하고 후손들이 이어진다. 그런 까닭에 커다란 덕은 반드시
그 자리를 얻게 되고, 반드시 그 복록을 누리며, 그 이름을 얻게
마련이고, 그 수명 또한 끝이 없다. 그런 까닭에 천지만물이 그 덕
을 입어 더욱 풍성해지고, 이로 인해 일하는 자마다 얻게 되며 뜻
하는 자가 이루게 된다. 시경은 말한다. 기쁘고 즐겁도다 군자여,

드높고 빛난 덕이로다. 백성이 화목하고 사람들이 평안하도다. 하늘의 복을 받아 돌보고 가꾸어 명(命)을 이루니, 이는 하늘로부터 비롯된 것이다. 그런 까닭에 큰 덕을 이루는 자는 모름지기 하늘의 명(命)을 받는다.

마 6,31 - 33

그러므로 염려하여 이르기를, 무엇을 먹을까 무엇을 마실까 무엇을 입을까 하지 말라. 이는 다 이방인들이 구하는 것이라. 너희 천부께서 이 모든 것이 너희에게 있어야 할 줄을 아시느니라. 너희는 먼저 그의 나라와 그의 의를 구하라. 그리하면 이 모든 것을 너희에게 더하시리라.

공자는 무엇보다도 하늘의 뜻과 부름에 늘 귀를 기울였던 것 같습니다. 그래서인지 목숨이 위태한 지경에 이르러서도 조금도 두려워하지 않았고, 오히려 스스럼없는 목소리로 다음과 같이 말하지요. "하늘이 나에게 이 덕(德)을 내렸음에 환퇴가 나를 어찌하리오."(『論語』, 述而) 죽음조차도 훌훌 털어 버리는 대단한 배짱과 기개가 아닐 수 없습니다. 또한 인간의 어리석음과 교만을 경계하여 이를 때에도 하늘의 뜻을 내세우고 있지요. "하늘을 거스른 자는 그 어디에도 기도할 곳이 없다."(『論語』, 八佾)

이뿐만이 아닙니다. 질병 때문에 꼼짝없이 드러누워 어려움을 겪고 있을 때, 쾌유를 비는 제자들이 찾아와 제사 드리자고 간청하는 장면이 있지요. 이에 공자는 "나는 이미 하늘에 기도한 지 오래되었다."(『論語』, 述而)는 말로 자신의 속뜻을 밝히고 있습니다. 이 같은 일련의 모습들은 죽음이나 삶의 문제조차도 넘어서서 일찌감치 하늘의 소명에 온전히 기대어 살았던 공자의 정신세계를 그대로 드러내 줍니다.

그렇다면, 겟세마네 동산에서 밤을 꼬박 새우며, "내 원대로 마옵시고, 아버지의 원대로 하옵소서."(막 14,36)라고 기도하던 예수의 모습은 어떻습니까. 하늘 아버지의 뜻을 헤아리고 말없이 십자가의 길까지 달게 걸었던 그 발자국을 따라가 보면, 동양과 서양은 늘 하늘의 부르심과 소명에 맞닿아 있는 셈입니다. 또한 이는 멀고 먼 그 옛날 사람들의 얘기로만 남아 있는 것은 아닙니다.

제국주의와 식민 지배가 강도처럼 날뛰며 온통 지구를 덮고 있던 시절에, 나라를 빼앗기고 이웃나라 노예로 살아가면서도 꿋꿋하게 '하늘을 우러러 한 점 부끄러움 없기를' 기도하며 살았던 깨끗하고 맑은 영혼의 젊은이가 떠오릅니다. 꽃다운 나이로 삶을 마친 님의 발걸음도, 아마 이 십자가를 가슴 깊이 담고 살았기에 그토록 커다란 발자국을 남겨 우리 곁에 생생하게 살아오는 것이겠지요.

"…괴로웠던 사나이/ 행복한 예수 그리스도에게처럼/ 십자가가 허락된다면/ 모가지를 드리우고/ 꽃처럼 피어나는 피를 / 어두워 가는 하늘 밑에 / 조용히 흘리겠습니다" (윤동주, 「십자가」)

무덤이 없는 사람들

子曰 無憂者其唯文王乎 以王季爲父 以武王爲子 父作之子述之

武王纘大王王季文王之緒 壹戎衣而有天下 身不失天下之顯名

尊爲天子 富有四海之內 宗廟饗之 子孫保之 武王末受命 周公成

文武之德 追王大王王季 上祀先公以天子之禮 斯禮也 達乎諸侯

大夫及士庶人 父爲大夫子爲士 葬以大夫祭以士 父爲士子爲大

夫 葬以士祭以大夫 其之喪達乎大夫 三年之喪達乎天子 父母之

喪 無貴賤一也

공자는 말한다. 오로지 문왕만이 아무 걱정 없구나. 아비가 왕계

이고 아들이 무왕이니, 아버지가 이루고 자식이 잇도다. 무왕이

태왕과 왕계와 문왕을 차례대로 드높이니, 천하가 비로소 자리 잡

았다. 힘써 천하의 드러난 이름을 바로 세우니 천자의 위엄을 이

루고, 온 누리 풍요를 이루니 나라의 틀을 이루고 후손을 돌보았다. 무왕이 마지막으로 명을 받았으니, 주공이 문왕과 무왕의 덕을 높이고 태왕과 왕계를 모시며 선조들을 천자의 예로 받들었다. 이러한 예가 제후, 대부(大夫)와 선비 그리고 서인(庶人)들에게까지 이른다. 아비가 대부이고 아들이 선비이면 대부로 장례하고 선비로 제사한다. 아비가 선비이고 아들이 대부이면 선비로 장례하고 대부로 제사한다. 이에 상례(喪禮)를 치르면 대부와 같고, 삼년상을 치르면 천자와 같다. 부모의 상례는 귀천 없이 한결같을 뿐이다.

———

마 22,23-32

부활이 없다 하는 사두개인들이 그날에 예수께 와서 물어 가로되 선생님이여 모세가 일렀으되, 사람이 만일 자식이 없이 죽으면 그 동생이 그 아내에게 장가들어 형을 위하여 후사를 세울지니라 하였나이다. 우리 중에 칠 형제가 있었는데, 맏이가 장가들었다가 죽어 후사가 없으므로 그의 아내를 그 동생에게 끼쳐 두고 그 둘째와 셋째로 일곱째까지 그렇게 하다가 최후에 그 여자도 죽었나이다. 그런즉 저희가 다 그를 취하였으니, 부활 때에 일곱 중에 뉘 아내가 되리이까. 예수께서 대답하여 가라사대 너희가 성경도, 하나님의 능력도 알지 못하는 고로 오해하였도다. 부활 때에는 장가도 아니 가고 시집도 아니 가고 하늘에 있는 천사들과 같으니라. 죽은 자의 부활을 의논할진대, 하나님이 너희에게 말씀하신 바 나는 아브라함의 하나님이요 이삭의 하나님이요 야곱의 하나님이로라 하신 것을 읽어 보지 못하였느냐. 하나님은 죽은 자의 하나님이 아니요 산 자의 하나님이시라.

쾌 시간이 흘렀지만, 한때 『공자가 죽어야 나라가 산다』라는 김경일 교수의 책이 날개 돋힌 듯 팔렸던 적이 있었습니다. 공자는 물론이거니와 주자까지도 하늘같이 떠받들며 모시던 나라였는데 말입니다. 오죽하면 이렇게 막나가는 지경에까지 이르게 되었을까요. 찬찬히 우리네 살아온 발자국을 돌아보지 않을 수 없습니다.

따지고 보면, 집안이든 나라든 가리지 않고 일년 365일 제사 드린다고 난리법석하는 통에 나라 말아먹는 지경에 이른 셈입니다. 하기야 그렇게 정신 놓고 있다가 마지막에는 기어코 이웃나라 노예살이를 하기에까지 치달았던 우리나라 형편을 보면, 과히 틀리지 않은 말씀인 듯 싶습니다.

그런데 중용에서는 근본적으로 삼년상을 치르게 되면, 이러니 저러니 해도 모든 인생은 천자의 반열에 이르는 것이라고 분명하게 밝히고 있네요. 가만히 들여다보면, 제사에는 귀천(貴賤)을 따지거나 빈부(貧富)를 나누는 것이 사실상 아무런 의미가 없다는 말이 됩니다.

그런 까닭에 조선왕조 말년에 이르러 무덤과 왕릉을 번지르르하게 치장하다가 나라 무너진 꼴도 그렇거니와, 인간이 살아가면서 뼈적지근하게 꾸며대곤 하는 통과제의가 사실상 소꿉장난에 지나지 않는다는 사실을 새삼 깨닫게 되지요. 이른바 천자, 제후,

경대부, 사(士), 서(庶) 등 오복(五服)제도에 근거한 감투놀음(hierarchy)은 그저 껍데기일 뿐이라는 말입니다.

그래서일까요. 하늘의 뜻을 새기기보다는 떠억 벌여 놓은 제사상을 앞에 두고 왈가왈부하던 유대교의 제사장과 서기관들도 마찬가지였지요. 때문에 안식일의 입법 취지를 일깨운 예수의 선포는 오늘을 살아가는 우리에게도 여전히 유효한 셈입니다. 여기 마태복음 이야기 또한 조금도 다를 바가 없습니다. 그 잘난 사두개인들이 들먹인 부활의 문제나 형사취수제(兄死取嫂制) 같은 복잡다단한 율법 조항들 속에는, 사실 살아 남은 자들을 다독거리시는 하나님의 깊은 사랑만이 담겨 있을 뿐입니다.

바로 이때, 쓰잘데없는 율법을 조목조목 내세우며 거들먹거리는 제사장과 서기관들은 이러한 예수님의 선포를 오히려 두려워합니다. 가만히 따져 보면, 소경이 소경을 인도하고, 고양이에게 생선가게를 맡긴 셈이 되고 말았네요. 어리석게도 그들은 나라와 백성을 위한다고 둘러대면서, 십자가를 들이밀고 예수님을 희생양으로 삼았습니다. 그렇게 땜질한 나라가 기껏해야 몇 년을 더 버티겠습니까. 노쇠한 조선 땅과 마찬가지로, 그때 유대 땅도 그렇게 스러지고 말았지요. 구슬픈 황성 옛터는 늑대들이 먹거리를 찾아 울부짖는 황야가 되고 맙니다.

천자나 제후는 물론이거니와 어리숙한 일반 백성이나 백정 같은 무지렁이들조차도 모두가 하나님의 형상을 갖고 있다는 이 중용의 메시지는 무척이나 생생합니다. 그런 까닭에 하나님이 만드신 세상에 자질구레한 빈부귀천이 있을 수 없는 법입니다. 이처럼 깊은 속내가 일견 복잡해 보이는 유교의 장례와 상례에 담겨 있다는 사실을 늘 잊지 말아야 합니다. 모름지기 하나님은 죽은 자의 하나님이 아니고 산 자의 하나님이기 때문이지요.

거듭해서 되새기거니와, 언뜻 까다롭고 복잡하기 그지없어 보이는 유교에서의 장례(葬禮)와 상례(喪禮)의 깊은 속마음은 오로지 하나일 뿐입니다. 빈손 들고 왔다가 빈손으로 돌아가는 인생들일진대, 늘 공수래공수거(空手來空手去)하는 인간 본래의 모습을 잊지 말라는 뜻이지요. 이를 가슴에 새록새록 담아 조상들에게나 먼 훗날의 사람들에게도 부끄럼 없이 살라는 말씀이 성서와 중용의 구석구석에서 한결같이 울려 퍼집니다.

제사보다 중요한 것

子曰 武王周公其達孝矣乎 夫孝者善繼人之志 善述人之事者也
春秋修其祖廟 陳其宗器 設其裳衣 薦其時食 宗廟之禮 所以序昭
穆也 序爵所以辨貴賤也 序事所以辨賢也 旅酬下爲上所以逮賤
也 燕毛所以序齒也 踐其位行其禮 奏其樂敬其所尊 愛其所親 事
死如事生 事亡如事存 孝之至也 郊社之禮所以事上帝也 宗廟之
禮 所以祀乎其先也 明乎郊社之禮 禘嘗之義 治國 其如示諸掌乎

공자는 말한다. 무왕과 주공은 그 효(孝)가 가이없구나. 이른바 효
라 함은 갸륵한 뜻을 잇고 사람의 일을 옳게 밝히는 것이다. 때맞
춰 사당을 단장하고 제기를 준비하며, 예복을 차려 입고 제물을
올린다. 종묘 제사는 조상을 살펴 차례를 정한다. 고귀한 차례를
살펴 공적을 가리고 지혜로움으로 순서를 살핀다. 모든 이들을

살펴 어려움을 따라 보듬고, 그 연로함을 살펴 잔치상을 차린다. 그 정해진 바에 따라 예를 실천하며, 존귀한 순서에 따라 음악을 연주한다. 사랑하는 혈육을 기리며 살아 있을 때처럼 장례를 치르고, 살아 계신 것처럼 모셔 제사함으로 효를 이룬다. 나라와 국토의 제사는 상제의 예를 따르고, 종묘의 제사는 그 조상의 경우를 따른다. 나라와 국토의 제사 그리고 하늘의 뜻을 높이면 나라는 절로 다스려진다.

삼상 15,20-24

사울이 사무엘에게 이르되 나는 실로 여호와의 목소리를 청종(聽從)하여 여호와께서 보내신 길로 가서 아말렉 왕 아각을 끌어왔고 아말렉 사람을 진멸하였으나, 다만 백성이 그 마땅히 멸할 것 중에서 가장 좋은 것으로 길갈에서 당신의 하나님 여호와께 제사하려고 양과 소를 취하였나이다. 사무엘이 가로되 여호와께서 번제와 다른 제사를 그 목소리 순종하는 것을 좋아하심 같이 좋아하시겠나이까. 순종이 제사보다 낫고 듣는 것이 수양의 기름보다 나으니, 이는 거역하는 것은 사술의 죄와 같고 완고한 것은 사신 우상에게 절하는 죄와 같음이라. 왕이 여호와의 말씀을 버렸으므로, 여호와께서도 왕을 버려 왕이 되지 못하게 하셨나이다.

순 종(順從)이 제사(祭祀)보다 낫다는 말씀은 이른바 제사의 입법 취지를 밝혀 주는 만고불변의 규칙이기도 합니다. 그런데 어찌 된 영문인지 사울은 그만 제사의 근본 취지를 잃어버리고 말았네요. 단순히 제사 드리는 행위가 중요한 것이 아니라는 말씀입니다. 그래서인지 중용의 길은 동서와 고금을 가리지 않고 어느 누구에게나 끝없이 씨름해야만 하는 인생길의 어려운 숙제입니다.

스러져 가는 나라를 새롭게 바꾸어 보려고 애를 쓰던 대한제국 시절의 이야기가 떠오릅니다. 당시 초청을 받아 우리나라 구석구석을 돌아보았던 에밀 부르다레의 글을 읽는 중에 '의복이 중을 만들지 않는다.' 라는 구절이 나타나는군요.(『대한제국 최후의 숨결』, 글항아리, 2009)

그 무렵, 조선은 낡은 이름 대신에 대한제국이라는 그럴싸한 옷으로 갈아입고, 거창하게 황제의 옷을 입고 즉위합니다. 더불어 애처로운 죽음을 당한 왕비의 무덤까지 황제에게 걸맞는 모습으로 몇 해를 두고 웅장하게 꾸미지만, 정작 나라의 살림살이는 더욱 빡빡해져만 가네요. 이방인의 눈에도 스러져 가던 대한제국의 모습은 안타깝기 그지없었나 봅니다. 하기야 단순히 그럴듯하게 꾸미고, 제사 드리는 껍데기가 뭐 그리 중요하겠습니까.

그래서 공자는 제사를 통하여 그 뜻을 잇고 마땅한 일을 드러내는 것을 효(孝)의 참된 가르침이라고 말합니다. 그리고 이 효를 바탕으로 조상과 나라와 국토에 이르기까지 하늘의 뜻을 기리고 모시는 일에 나아갑니다. 이렇게 되면 나라는 다스린다고 떠벌이지 않아도 저절로 굴러가게 마련입니다. 돌이켜보건대, 성서에서도 순종이 제사보다 낫다는 그 깊은 뜻을 헤아리지 못한 사울의 왕권은 끝내 이어지지 못했지요. 나라가 무너지는 판에 거창하게 대한제국이라는 상다리를 휘어지게 차려 놓고, 몇 해가 저물도록 무덤 꾸미는데 나라 살림을 말아먹으며 허송세월했던 고종황제의 딱한 나라도 마찬가지 모습이었습니다.

하늘의 길, 사람의 길

哀公問政 子曰 文武之政 布在方策 其人存則其政擧 其人亡則其
政息 人道敏政 地道敏樹 夫政也者蒲盧也 故爲政在人 取人以身
修身以道 修道以仁 仁者人也 親親爲大 義者宜也 尊賢爲大 親
親之殺 尊賢之等 禮所生也 在下位不獲乎上 民不可得而治矣 故
君子不可以不修身 思修身 不可以不事親 思事親 不可以不知人
思知人 不可以不知天

애공이 정치를 물으니 공자가 말한다. 문무의 정치는 익히 알려
져 있다. 사람을 돌보니 다스림이 자리하고, 사람이 없으면 다스
림도 없다. 무릇 사람이란 다스림에 따르고 땅은 나무와 어우러
지니, 대저 다스림이란 돌보아 무럭무럭 자라게 하는 것이다. 그
런 까닭에 다스림은 사람에 있으니, 사람을 거둠에 몸을 살피고,

수신(修身)에 있어 도(道)를 따르고, 도를 닦음에 어짊으로 한다. 어짊이란 사람의 일일 뿐이니, 이웃을 힘써 사랑한다. 의로움이란 마땅함이니, 어진 이를 으뜸으로 여긴다. 이처럼 이웃을 알뜰살뜰 돌보고, 어진 이를 살펴 대하는 것이 예(禮)의 첫걸음이다. 아랫사람이 윗사람의 인정을 받지 못하면, 끝내 백성 다스리기가 어렵다. 그런 까닭에 군자는 모름지기 수신(修身)을 이루어야 한다. 수신에는 반드시 사친(事親)이 우선하고, 사친은 반드시 지인(知人)이 필요하며, 지인에는 반드시 지천(知天)이 필수이다.

눅 10,25-37

어떤 율법사가 일어나 예수를 시험하여 가로되, 선생님 내가 무엇을 하여야 영생을 얻으리이까. 예수께서 이르시되 율법에 무엇이라 기록되었으며 네가 어떻게 읽느냐? 대답하여 가로되 네 마음을 다하며 목숨을 다하며 힘을 다하며 뜻을 다하여 주 너의 하나님을 사랑하고 또한 네 이웃을 네 몸과 같이 사랑하라 하였나이다. 예수께서 이르시되 네 대답이 옳도다. 이를 행하라, 그러면 살리라 하시니….

사람의 길과 하늘의 길은 가까운 듯 하지만, 하늘과 땅만큼이나 아득히 떨어져 있습니다. 그래서 서로가 어긋나기 쉽기에 이루기 또한 만만치가 않지요. 그러므로 새로운 젊은 지도자 애공은 늙은 공자를 만나 다스림을 묻고, 유대 민족의 지도자였던 율법사는 예수를 만나 영원한 생명과 하늘의 길을 묻습니다. 그런데 의외로 해답은 간단합니다. 공자도 문무의 다스림이 익히 알려져 있음을 강조하고 있거니와, 예수 또한 별다른 비밀이 있는 것은 아니라고 말하고 있네요.

다시 말해 율법에 자세히 기록되어 있기 때문입니다. 그러므로 남은 것은 우리가 어떻게 읽고 있는가 하는 문제일 뿐입니다. 모든 일이 복잡한 듯 보이지만, 하늘의 길과 사람의 길이 서로 어긋난 것은 모름지기 자연스러운 이치를 거스르기 때문입니다. 나무와 땅은 서로가 어우러지게 마련이지요. 또 어디서인가 바람이 불어와 휘감고 또 돌아 나가는 것처럼, 하늘의 이치는 물 흐르듯 거침이 없습니다. 그러므로 이러한 하늘의 이치를 그대로 닮아 가면 그뿐이라는 말이지요.

어느 날인가, 우리 집에 멍멍이 손님이 불쑥 찾아들었습니다. 더 이상 키우기 어려운 강아지를 가방에 담아 온 학생의 딱한 사연을 듣고, 건네받은 것이지요. 그러던 어느 날 외할아버지께서 버려진 발바리까지 데리고 오시니, 두 녀석이 마당에서 마음껏 뛰

놀게 되었고요. 예방주사는 물론이고, 감기몸살 따위는 신경 쓸 필요도 없습니다. 자연스레 그저 놔 두었을 뿐인데, 하늘은 뭇 생명을 사랑으로 돌봐 주시네요. 게다가 쉴 틈도 없이 자그마치 두 배를 거듭하더니, 일 년도 안 되어 순식간에 십 수 마리로 불어나더군요. 여기저기 분양하고도 도저히 대책이 서질 않아, 하는 수 없이 그만 애비를 수술하고 손절매(?)할 수밖에 없었습니다.

하늘의 이치라는 것이 뭐 별스러운 것이겠습니까. 사람 사이에 살아가면서 아웅다웅하는 정치라는 것도 그렇거니와, 인간의 세상만사는 새옹지마(塞翁之馬)인 경우가 대부분이지요. 그래서 공자가 하늘의 이치를 깨닫는 지천(知天)과 사람을 대하는 지인(知人)을 이야기하고, 예수가 선한 사마리아인을 들어 하나님과 이웃 사랑의 삶을 강조하신 이유는 한결같이 다르지 않습니다.

이러한 까닭에, 중용에서는 이러한 하늘나라의 비밀을 일깨우는 데 조금도 머뭇거리지 않습니다. 그렇다면 공자가 말한 대로 무엇보다 수신(修身)이 문제입니다. 그래서인지 성서를 들춰 보면, 말씀을 읽은 바대로 가서 이와 같이 하라는 예수의 가르침도 변함 없이 이어지는군요. 그러므로 중용에서는 이제부터 성(誠)의 세계가 본격적으로 펼쳐지게 됩니다. 바야흐로 천둥벌거숭이처럼 천기(天機)를 거리낌 없이 누설하게 되지 않을까 한발자국 한발자욱이 조심스럽기 그지없습니다.

성서로 만나는
중용의 세계

부름 받은 사람들

天下之達道五 所以行之者三 曰君臣也 父子也 夫婦也 昆弟也
朋友之交也 五者天下之達道也 知仁勇三者 天下之達德也 所以
行之者一也 或生而知之 或學而知之 或困而知之 及其知之一也
或安而行之 或利而行之 或勉强而行之 及其成功一也 子曰 好學
近乎知 力行近乎仁 知恥近乎勇 知斯三者則 知所以修身 知所以
修身則 知所以治人 知所以治人則 知所以治天下國家矣

천하의 달도(達道)는 다섯이고, 행하는 바는 세 가지다. 군신과 부
자와 부부와 형제 그리고 벗과의 관계인데 이 다섯은 천하의 으뜸
이다. 지(知), 인(仁), 용(勇) 세 가지는 없어서는 안 될 가르침인데,
행하는 바는 오로지 하나이다. 어떤 이는 일찍부터 알고, 혹은 배
워서 알고 또는 부지런히 배워 알기도 하는데, 사실 이 모두는 한

가지일 뿐이다. 어떤 이는 즐거이 행하고, 혹 바람으로 행하기도 하며 또는 쉴 틈 없이 행하기도 하는데, 사실 이루는 바는 매한가지이다. 공자는 말한다. 배우기 즐겨함은 앎에 바탕하고, 힘써 행함은 어짊에 있으며, 부끄럼을 아는 것은 떳떳함이다. 이 셋을 아는 것은 수신(修身)에서 비롯한다. 수신이란 바로 치인(治人)에서 비롯한다. 치인이란 바로 천하국가를 다스릴 줄 아는 것이다.

엡 6,14-19

그런즉 서서 진리로 너희 허리띠를 띠고 의의 흉배를 붙이고 평안의 복음의 예비한 것으로 신을 신고 모든 것 위에 믿음의 방패를 가지고, 이로써 능히 악한 자의 모든 화전을 소멸하고 구원의 투구와 성령의 검, 곧 하나님의 말씀을 가지라. 모든 기도와 간구로 하되 무시로 성령 안에서 기도하고 이를 위하여 깨어 구하기를 항상 힘쓰며 여러 성도를 위하여 구하고 또 나를 위하여 구할 것은, 내게 말씀을 주사 나로 입을 벌려 복음의 비밀을 담대히 알리게 하옵소서 할 것이니….

천하의 모든 일들은 언뜻 복잡해 보이지만, 일을 이루는 바는 오로지 하나일 뿐입니다. 지금은 기억조차 가물가물 낡아 버린 봉건사회에서 신분을 여러 갈래로 나누는 것이나, 현대 사회에서 복잡하게 얽히고설킨 수많은 일들은 본디 그 모두가 한 가지로부터 시작하기 때문입니다. 모름지기 하늘의 뜻을 아는 것이 나라를 다스리는 이치이고, 사람들이 서로서로를 마주 대하는 방법이며, 돌이켜 스스로를 다잡는 계기라는 말이지요.

그래서 서구 사회에서 종교개혁을 이룬 마틴 루터(M. Luther)는 이를 가리켜 '만인사제설'이라는 말로 풀어내기도 합니다. 이른바 성직자라고 불리는 사람들뿐만 아니라, 똥지게 나르는 무지렁이들조차 모두가 같은 모습이라는 뜻입니다. 모든 사람이 하늘로부터 소중한 부름과 성스러운 사명을 받은 존재라는 말이지요. 그러므로 이 우주 천지간에 굴러가는 세상만사는 모름지기 성(誠)으로 가득 차 있을 뿐입니다.

그러므로 성서에는, 우리가 먹는 것이나 입는 것은 물론이거니와 살아가는 걸음 걸음마다 마치 전장에 출사표를 내건 장수의 모습처럼 온통 말씀으로 가득 뒤덮여 있습니다. 물론 이 복음의 비밀은 보일 듯 말 듯 보혜사 주님이 늘 이끄신다고 고백하는 데 있습니다. 그러니 성령으로 살아가는 사람들에게는, 날마다 숨 쉬는 순간순간마다 마주치는 모든 것이 하늘의 신비가 아닐 수 없습니다.

그러므로 믿음의 사람이 복음에 사로잡혀 살아가는 삶이란, 중용이 말하는 것처럼 아는 것과 이루는 것 모두가 하나같이 닮은 꼴로 나타납니다. 몸을 돌아보아 수신을 이루고, 사람을 다스리고, 천하 국가를 주무르는 것 이 모든 세상만사는 하나같이 하늘을 알고 하늘을 닮아 가는 것일 뿐입니다.

성서로 만나는
중용의 세계

모두가 하나인 세상

凡爲天下國家有九經 曰 修身也 尊賢也 親親也 敬大臣也 體?臣
也 子庶民也 來百工也 柔遠人也 懷諸侯也 修身則道立 尊賢則
不惑 親親則諸父昆弟不怨 敬大臣則不眩 體羣臣則士之報禮重
子庶民則百姓勸 來百工則財用足 柔遠人則四方歸之 懷諸侯則
天下畏之 齊明盛服 非禮不動 所以修身也 去讒遠色 賤貨而貴德
所以勸賢也 尊其位 重其祿 同其好惡 所以勸親親也 官盛任使
所以勸大臣也 忠信重祿 所以勸士也 時使薄斂 所以勸百姓也 日
省月試 旣稟稱事 所以勸百工也 送往迎來 嘉善而矜不能 所以柔
遠人 繼絶世 擧廢國 治亂持危 朝聘以時 厚往而薄來 所以懷諸
侯也 凡爲天下國家有九經 所以行之者一也

무릇 천하국가를 다스림에 아홉 가지가 있다. 말하되 몸을 돌아보며, 어진 이를 세우고, 이웃을 사랑하고, 나라의 어른을 모시고, 관리를 세우며, 백성을 다독이며, 기술자를 우대하고, 오랑캐를 어우르며, 제후를 보듬어야 한다. 스스로 돌아보아 기틀을 이루고, 어진 이를 세우면 어지러움이 없다. 혈육을 사랑하면 집안이 평안하며, 나라에 어른이 있어 시끄럽지 않다. 관리가 제 몫을 하면 선비들은 예를 이루며, 백성을 다독이면 서로가 보살피고, 기술자들 때문에 살림이 넉넉하다. 멀리 있는 오랑캐가 스스로 복종하며, 천하의 제후들이 모두 우러러본다. 고루 밝히고 틀림이 없어 무례하지 않으니, 이는 스스로 돌아보기 때문이다. 헐뜯거나 편들지 않고 재물보다는 덕을 귀히 여기니, 이는 어진 이들 때문이다. 본분을 깨달아 책임을 다하며 기쁨과 즐거움이 한가지이니, 이는 가정이 화목하기 때문이다. 직책과 명령이 틀림없으니, 이는 나라의 어른들 때문이다. 믿음과 진실함이 그득하니, 이는 선비들이 살아 있기 때문이다. 때마다 부지런하고 게으르지 않으니, 이는 백성들이 알뜰살뜰함 덕분이다. 틈틈이 갈고 닦아 곳간마다 가득하니, 이는 백공(百工)들 덕분이다. 오가는 길에 기쁨과 기꺼운 마음으로 가득하니, 이는 오랑캐들의 모습이다. 나라 세우고 물려줌에 어지러움이나 다툼이 없고 때에 맞춰 오고 감에 거리낌 없으니, 이는 제후를 잘 다독거림이다. 무릇 세상만사에 아홉 가지 길이 있으되, 이를 행하는 바는 오직 하나일 뿐이다.

___

고전 12:4-11

은사는 여러 가지나 성령은 같고, 직임은 여러 가지나 주는 같으며, 또 역사는 여러 가지나 모든 것을 모든 사람 가운데서 역사하시는 하나님은 같으니, 각 사람에게 성령의 나타남을 주심은 유익하게 하려 하심이라. 어떤 이에게는 성령으로 말미암아 지혜의 말씀을, 어떤 이에게는 같은 성령을 따라 지식의 말씀을, 다른 이에게는 같은 성령으로 믿음을, 어떤 이에게는 한 성령으로 병 고치는 은사를, 어떤 이에게는 능력 행함을, 어떤 이에게는 예언함을, 어떤 이에게는 영들 분별함을, 다른 이에게는 각종 방언 말함을, 어떤 이에게는 방언들 통역함을 주시나니, 이 모든 일은 같은 한 성령이 행하사 그 뜻대로 각 사람에게 나눠 주시느니라.

흔히 이상적인 모습으로 생각하는 초기 기독교 공동체는 살림살이가 커져 가면서 예상과는 달리 의외로 갖가지 크고 작은 다툼 또한 늘어 가게 되었습니다. "그때에 제자가 더 많아졌는데 헬라파 유대인들이 자기의 과부들이 그 매일 구제에 빠지므로 히브리파 사람을 원망한대…" (행 6,1)

그런데 질서정연한 사회규범이 권력자들에 의해 시퍼렇게 살아 있는 세속 사회와는 다르게, 오히려 믿음의 공동체에서는 어찌 보면 더욱 혼란하고 다양한 현상이 나타나게 마련입니다. 다시 말해 영적인 진리에 바탕한 스스럼없는 모습들이 걸러지지 않고 그대로 드러나기 때문이지요. 그래서 가지 많은 나무일수록 바람 잘 날 없다는 이야기가 맞는 셈입니다. 그런 까닭에 신앙공동체가 몸집이 불어나면 불어날수록, 여기저기서 크고 작은 말썽이 더욱 불거질 수밖에 없습니다.

그렇다고 구더기 무서워하다가 끝내 장을 못 담그는 어리석은 이가 될 수 없는 노릇입니다. 그런데 무엇보다도 성서에서는 이처럼 성령의 역사가 다양하게 일어나는 것을 조금도 이상한 일이라고 생각하지 않습니다. 오히려 바울은 이러한 모습이 매우 유익한 일이라고 얘기하고 있군요. 이 부분에서 중용이 말하는 바 또한 크게 다르지 않습니다. 무릇 세상만사가 비단 여기에 나타난 바대로 아홉 가지에 그치겠습니까. 이 밖에도 오만 가지 잡것이 수두룩하겠지만, 이를 행하는 바는 오직 한가지 마음 바탕에 근거할 따름이라는 말이지요.

그러고 보니, 하나의 성령이 행하사 그 뜻대로 각 사람에게 나눠 주신다는 성서의 말씀이, 중용의 길다란 가르침을 간결하게 잘 풀어 주는 길잡이가 되었습니다. 그래서일까요. 성서가 막힐 때마다 중용을 보면 길이 열리고, 중용이 왠지 낯설어 보이면 성서를 들춰 보면서 고개를 주억거리게 되는 것이 물 흐르는 듯 자연스럽습니다. 동양이나 서양이나 그리고 옛날이나 지금이나 삶을 사는 모든 이들에게 진리의 가르침은 언제나 다툼과 어지러운 삶을 밝히는 등불이 되는가 봅니다.

발가락이 닮았다

凡事豫則立 不豫則廢 言前定則不跲 事前定則不困 行前定則不

疚 道前定則不窮 在下位不獲乎上 民不可得而治矣 獲乎上有道

不信乎朋友 不獲乎上矣 信乎朋友有道 不順乎親 不信乎朋友矣

順乎親有道 反諸身不誠 不順乎親矣 誠身有道 不明乎善 不誠乎

身矣

모든 일에 헤아림이 있으면 바로 서고, 헤아림이 없으면 무너진

다. 말하기 전에 이미 아는 바니 넘어지지 않고, 벌어지기 전에 이

미 준비되니 어려움이 없으며, 행하기 전에 마련되니 말썽이 없

고, 도(道)를 이루기 전에 정해지니 막힘이 없다. 아랫사람이 윗사

람에게 뽑히지 못하면, 능히 백성을 얻어 다스리지 못한다. 인정

받으면 도(道)를 이룬다. 벗에게 믿음을 얻지 못하면 윗사람에게

인정받지 못한다. 벗에게 믿음을 주면 도를 이룬다. 집안이 평안치 못하면 벗에게 믿음을 주기 어렵다. 집안이 평안해야 도를 이룬다. 돌아보아 스스로 거리끼면 집안이 어지러운 법이다. 스스로 성실하면 도를 이룬다. 선함을 헤아리지 못하면 스스로 성실할 수 없다.

마 6,9-13

하늘에 계신 아버지 이름이 거룩히 여김을 받으시오며, 나라이 임하옵시며 뜻이 하늘에서 이루어짐같이 땅에서도 이루어지이다. 오늘날 우리에게 일용할 양식을 주옵시고, 우리가 우리에게 죄를 용서함같이 우리 죄를 용서해 주옵시고, 우리를 시험에 들게 마옵시며 다만 악에서 구하옵소서. 나라와 권세와 영광이 아버지께 영원히 있사옵나이다.

이 부분을 가만히 읽다 보면, 자연스럽게 '발가락이 닮았다'라는 글이 떠오릅니다. 이는 잘 알려진 바대로, 김동인의 단편소설에 나오는 안타까운 남자의 닮은꼴에 얽힌 이야기입니다. 사람이 살다 보면, 닮았다는 것이 존재 의미의 중요한 계기로 나타나는 경우가 아주 많습니다. 그래서 동아시아에서는 제대로 부모의 발걸음이나 가르침대로 살지 못했다는 이른바 불초소생 (不肖小生)이라는 말이 생겨나기도 했지요.

성서 또한 창세기에서부터 이를 매우 강조하고 있습니다. 하나님이 천지를 창조하시고 사람을 만드시되, 스스로의 모습대로 (Imago Dei) 창조하셨기 때문이지요.(창 1,27) 하늘의 모습을 닮아 지음을 받았으니, 늘 하늘에 비추어 우러르며 살아 마땅한 것이 성(誠)입니다. 하늘의 모습을 닮았으니, 하늘의 뜻이 이 땅에서 이루어지기를 기도하는 것이 성(誠)입니다.

그러므로 성의 세계에 이르고자, 예수는 자신을 따르는 제자들에게 이렇듯 기도를 가르치셨나 봅니다. 중용의 말씀대로 스스로를 돌아보아 이렇듯 닮은꼴이 제대로 이루어지면, 생긴 그대로이니 뭐 하나 염려할 것 없습니다. 무엇보다 하늘이 내리신 바에 비추어 스스로를 돌아보는 일이 첫걸음입니다. 이렇게 되면 무너질 일이나 넘어질 일도 없으며, 말썽이 생길 리도 없을 테니 말입니다. 그래서 누구 말마따나 닮은꼴이면 차~암 쉬운 법입니다.

성서로 만나는
중용의 세계

불효자는 웁니다

誠者天之道也 誠之者人之道也 誠者不勉而中 不思而得 從容中
道 聖人也 誠之者 擇善而固執之者也 博學之 審問之 愼思之 明
辯之 篤行之 有弗學 學之 弗能弗措也 有弗問 問之 弗知弗措也
有弗思 思之 弗得弗措也 有弗辨 辨之 弗明弗措也 有弗行 行之
弗篤弗措也 人一能之 已百之 人十能之 已千之 果能此道矣 雖
愚必明 雖柔必強

성(誠)이란 하늘의 도(道)이고, 성하려는 바는 사람의 도이다. 성은
저절로 이루어지는 법이다. 애쓰지 않아도, 저절로 도에 이르면
성인(聖人)이다. 성하려는 것은 선을 붙잡고 이를 끝까지 지키는
것이다. 널리 배우고 깊이 돌아보며, 살펴 생각하고 바르게 헤아
리며, 흔들림 없이 행한다. 배우지 못했어도 부지런히 배우되, 어

려워도 그치지 않는다. 익히지 못했어도 부지런히 익히되, 모른다고 그만두지 않는다. 살피지 못했어도 부지런히 살피되, 얻지 못해도 그치지 않는다. 헤아림이 없었어도 부지런히 헤아리되, 깨닫지 못해도 그치지 않는다. 행함이 없었어도 부지런히 행하되, 끝까지 낙심치 않는다. 사람들이 한 걸음 내디디면 백 걸음 나아가고, 사람들이 열 번 하면 천 번이라도 거듭하라. 이렇게 행하면 무지렁이라도 밝아지며 어린이라도 강해지는 법이다.

요 5,17-20

예수께서 저희에게 이르시되 내 아버지께서 이제까지 일하시니 나도 일한다 하시매 유대인들이 이를 인하여 더욱 예수를 죽이고자 하니, 이는 안식일만 범할 뿐 아니라 하나님을 자기의 친아버지라 하여 자기를 하나님과 동등으로 삼으심이러라. 그러므로 예수께서 저희에게 이르시되 내가 진실로 진실로 너희에게 이르노니, 아들이 아버지의 하시는 일을 보지 않고는 아무것도 스스로 할 수 없나니 아버지께서 행하시는 그것을 아들도 그와 같이 행하느니라. 아버지께서 아들을 사랑하사, 자기의 행하시는 것을 다 아들에게 보이시고 또 그보다 더 큰 일을 보이사 너희로 기이히 여기게 하시리라.

성서로 만나는
중용의 세계

나라와 천하를 다스리는 위정자들뿐만 아니라 흙냄새 풀풀 나는 무지렁이들도 언제 어디서나 필요한 바는 성실하게 맡은 일을 감당해 내는 것입니다. 그런 까닭에 애공이 나라를 다스리는 법을 물었을 때, 공자의 대답은 애오라지 성(誠)에 집중되어 있을 뿐이었지요. 이에 근거해 삼라만상이 제자리를 찾는 것이고, 모름지기 지도자라면 더더욱 여기에서 한 치도 벗어날 수 없습니다.

성서에서도 이와 크게 다를 바 없군요. 바울은 이렇게 말합니다. "우리가 선을 행하되 낙심하지 말지니, 피곤하지 아니하면 때가 이르매 거두리라."(갈 6,9) 그런데 실은 피곤하다고 말할 수 조차 없네요. 왜인고 하니, 아버지되시는 하나님은 태초부터 오늘까지 쉬지 않고 일하시는데 말입니다. 잠시 이 땅에 살다가 돌아가는 아들 딸인 우리로서 구구하게 뭐라 더 말할 나위가 있겠습니까.

그래서 예수는 빤히 십자가에 달려 죽으시는 줄 알면서도 결코 발걸음을 멈추지 않습니다. 그런데 오히려 이를 문제 삼는 사람들은 일하기보다는 입으로만 나불대는 지도자들이었지요. 게다가 그들은 자신들의 위선과 겉치레가 곧 드러날 수밖에 없으리라는 것을 잘 알아차리고는, 재빨리 암적인 존재인 예수를 없애고자 벼르는 중입니다. 바야흐로 소경이 소경을 인도하는 꼴이 되어 버렸으니, 과연 예루살렘의 앞날이 어찌 될는지는 물어보지 않아도 불 보듯 뻔한 셈입니다.

성서로 만나는
중용의 세계

북치고 장구치니 어깨춤이 얼씨구나

自誠明謂之性 自明誠謂之教 誠則明矣 明則誠矣

성(誠)에서 비롯되어 밝아지는 바는 본성이요, 밝아짐에서 비롯하여 성(誠)됨을 가리켜 교(敎)라고 말한다. 성(誠)하면 명(明)하고, 명(明)하면 성(誠)하다.

계 3,20

볼지어다, 내가 문 밖에 서서 두드리노니, 누구든지 내 음성을 듣고 문을 열면 내가 그에게로 들어가 그로 더불어 먹고 그는 나로 더불어 먹으리라.

일찍이 한민족의 마음 깊이 복음의 내용을 뿌리내리는 토착화 신학을 위해 평생을 진력하신 분이 있는데요. 바로 감리교신학대학장을 지내기도 했던 해천 윤성범 목사입니다. 해천은 한국적 신학을 이야기하면서 이른바 성(誠)의 해석학을 주제로 삼았습니다. 그리고 이를 바탕으로 효(孝)의 신학, 삼위일체론 등을 나름대로 정리해 후학들에게 남겨 주었습니다.

그중 존재론적 측면에서 성(誠)을 다룬 부분이 있는데, 이를 성(誠)이라는 말의 한자 풀이를 통해 성서의 말씀과 나란히 잇대어 놓았습니다. "말씀이 육신이 되어 우리 가운데 거하시매 우리가 그 영광을 보니 아버지의 독생자의 영광이요 은혜와 진리가 충만하더라."(요1,14) 다시 말해 말씀[言]이 육신이 되어 우리 가운데 '자리 잡았다.'(成)는 로고스 기독론인 셈입니다.

그러므로 이 성(誠)의 해석학에서는 성의 존재론적 성격이 매우 강하게 드러나게 마련입니다. 물론 실천론적 차원에서 이른바 수위론(修爲論)도 덧붙여 빠짐없이 다루고 있기도 합니다. 그렇기 때문에 성(誠)과 명(明)의 세계가 유기적으로 연결되어 서로 어우러지는 모습은 바로 요한계시록의 말씀에서 잘 풀어 볼 수 있지요. 계시록에서 그려지는 신앙의 세계 역시, 하나님과 인간의 세계가 매우 역동적이며 상호적으로 나타나기 때문입니다.

주님과 내가 서로 이 문을 가운데 놓은 상태에서, 먼저 주님이

성서로 만나는
중용의 세계

한쪽에서 두드리며 기다리고 있습니다. 그러자 또 다른 편에서는 문을 두드리는 주님의 음성에 귀 기울이고는 화들짝 놀라며 버선 발로 허겁지겁 문으로 달려가 활짝 열어젖히는 사람이 있네요.

이후에 전개되는 세계는 신과 인간의 구별이 필요없는 신령한 영적 합일(UNIO MYSTICA)의 비밀을 보여줍니다. 주님이 나와 함께 있는 것인지, 내가 주님과 함께 있는 것인지를 구태여 나누어 볼 필요가 없는 세계가 펼쳐지는군요. 먹고 마시는 것은 각각 다를 지 모르지만, 그 재료가 무엇이었든 간에 뱃속에 들어가면 한결같 이 피와 살로 바뀌기 때문이지요. 영국에서 감리회 운동을 시작 한 웨슬리 목사 같은 이는, 이를 선행은총(prevenient grace)의 세계와 인간의 자유의지(free will)라는 관계로 풀어내기도 합니다.

그러므로 여기 중용에서 말하는 성(誠)과 명(明)의 관계는 동양 적 세계관에서 바라보는 이상적인 비분별적 사유 방식의 본보기 가 됩니다. 그리고 이는 한반도에서 독창적으로 그 깊이를 더해 간 정혜쌍수(定慧雙修), 돈오점수(頓悟漸修)라든지 이통기국(理通氣局), 이사무애(理事無碍) 등과 같은 위대한 가르침들과 함께 비분별 적 사유 방식의 귀중한 살림살이 밑천으로 이어집니다.

모두가 주인되는 세상

唯天下至誠 爲能盡其性 能盡其性 則能盡人之性 能盡人之性 則
能盡物之性 能盡物之性 則可以贊天地之化育 可以贊天地之化
育 則可以與天地參矣

오직 천하의 지극한 성(誠)만이 능히 그 본성을 밝혀 준다. 그 본성
이 밝혀질 때 비로소 인간의 본성이 능히 드러난다. 인간의 본성
이 드러날 때 비로소 만물의 본성이 드러난다. 만물이 드러나면
비로소 함께 어우러져 천지의 변화와 성장을 도운다. 천지의 변
화와 성장을 도우면 비로소 천지와 함께 어우러질 수 있다.

요 15,12-15

내 계명은 곧 내가 너희를 사랑한 것같이 너희도 서로 사랑하라 하는 이것이니라. 사람이 친구를 위하여 자기 목숨을 버리면 이에서 더 큰 사랑이 없나니, 너희가 나의 명하는 대로 행하면 곧 나의 친구라. 이제부터는 너희를 종이라 하지 아니하리니, 종은 주인의 하는 것을 알지 못함이라. 너희를 친구라 하였노니, 내가 내 아버지께 들은 것을 다 너희에게 알게 하였음이니라.

성서의 소예언서 중 하나인 호세아서에서는 고대 사회상의 변화를 반영해 주는 중요한 대목이 담겨 있습니다. 그런데 이 변화는 우리 생활에서 매우 낯익은 남편과 아내라는 관계를 통해 재미있게 설명되고 있지요. '여호와께서 이르시되 그날에 네가 나를 내 남편이라 일컫고 다시는 내 바알이라 일컫지 아니하리라.' (호 2,16) 여기서 바알이라고 표현되는 말은 고대 종교 사회에서 주인과 종의 관계를 가리킵니다.

그러므로 호세아서에서 밝히고 있는 남편과 아내라는 말에는 현대사회에서 말하는 평등한 부부관계를 의미하는 세계가 활짝 펼쳐지고 있었던 셈입니다. 이미 수천 년 전 고대 가부장제 사회에서 21세기 첨단을 달리는 남녀평등의 관계가 종교개혁이라는 옷을 입고 울려퍼졌다니 놀랍기 그지없습니다. 아울러 신약성서로 넘어오게 되면, 이 같은 모습이 더욱 구체적으로 드러납니다.

바로 위에 인용한 요한복음에서는, 바야흐로 신앙의 세계가 주인과 종의 관계로부터 벗어나 벗과 이웃이라는 새로운 관계로 바뀌기 때문입니다. 이를 가리켜 성서학자들은 원시기독교의 박해받던 모습을 반영하는 것이라고 주석하기도 합니다. 다시 말해 믿음의 공동체에 함께 몸담았던 형제자매를 고발해야 자신이 살아남을 수 있었던 무시무시한 제국의 탄압이 있었다는 말이지요. 결국 따져 보면 신앙공동체가 무너지지 않도록 나름대로 비밀을 소중하게 간직하고자 했던 마지막 신앙고백이었다는 겁니다.

저간의 사정이야 어찌 됐든 간에, 바야흐로 세상은 헤겔도 그의 유명한 『정신현상학』에서 얘기했듯이 주인과 노예의 변증법이 세계 역사의 원동력으로 자리 잡는 데까지 이르게 됩니다. 바알과 종의 관계에서 남편과 아내의 관계로, 주인과 노예의 관계에서 벗과 친구의 관계로 바뀌어지는 것이지요. 놀랍게도 이제 하늘과 땅 그리고 인간이 서로 벗처럼 어우러집니다. 이들이 서로 어깨를 맞대고 둥실거리며 활짝 열어 나가는 세계가 바로 성(誠)의 세상입니다. 이렇듯 중용에서 말하는 참어천지(參於天地)의 지평에 이르면, 성(誠)과 하나님은 나란히 놓여 있습니다.

겨자씨와 하늘나라

其次致曲 曲能有誠 誠則形 形則著 著則明 明則動 動則變 變則
化 唯天下至誠爲能化

다음으로 삼라만상에 힘쓰는 것이니, 세상 모든 일에 또한 성(誠)
이 있다. 성(誠)하니 틀이 있고, 틀이 있으니 꼴을 이룬다. 꼴이 있
으면 밝아지고, 밝으니 움직이게 된다. 움직이면 변하게 마련이
고, 변하면 새로와진다. 오로지 천하의 지극한 성(誠)만이 바꿀 수
있다.

요엘 2,28-32

그 후에 내가 내 신을 만민에게 부어 주리니, 너희 자녀들이 장래
일을 말할 것이며 너희 늙은이는 꿈을 꾸며 너희 젊은이는 이상을

볼 것이며, 그때에 내가 또 내 신으로 남종과 여종에게 부어 줄 것이며 내가 이적을 하늘과 땅에 베풀리니 곧 피와 불과 연기 기둥이라. 여호와의 크고 두려운 날이 이르기 전에 해가 어두워지고 달이 핏빛같이 변하려니와 누구든지 여호와의 이름을 부르는 자는 구원을 얻으리니….

세상일이라는 것이 다 그렇습니다. 자그마한 불꽃 하나가 타오르다가 때 맞추어 큰 바람을 만나게 되면, 비로소 온 세상을 사르는 커다란 불이 되는 법이지요. 천릿길도 한 걸음부터 비롯되는 것이고, 시작이 반이라는 말도 괜스레 있는 것은 아닐 겁니다.

제가 군목(軍牧)으로 사역할 때 겪은 일입니다. 전역을 얼마 앞두고, 우연찮게 팔자에도 없는 교회를 짓게 되었습니다. 제대 말년에는 떨어지는 가랑잎에도 몸조심한다는 우스개도 있는 만큼, 사실 주변에서는 그냥 가만히 몸사리고 있다가 외국 유학 갈 요량이나 하라는 말도 없진 않았습니다. 그런데 실마리가 된 것은 새벽마다 지성으로 기도하시는 여집사님이었습니다. 그 자그마한 불꽃이 순식간에 번지게 되었고, 부대 책임자인 장군까지 휘말리게 되었지요. 그 바람에 백지장 상태에서 십시일반으로 교회가 뚝딱뚝딱 세워졌고, 눈 깜짝할 사이에 떠밀리듯 봉헌 예배까지 드리는 주인공이 되어 버렸습니다.

그래서 신약성서에서는 하늘나라가 마치 겨자씨와 같다고 말하는가 봅니다. 보이지도 않는 아주 자그마한 겨자씨가 아침이 오고 저녁 무렵이 되면서 어느새 무럭무럭 자라납니다. 그리고 나면 모든 새들이 보금자리를 만들고 깃들이게 된다는 것이지요. 호렙산의 조그만 가시덤불 불꽃이 양을 치던 모세에게 옮겨 붙었습니다. 그러자 종살이하던 떠돌뱅이들은 괴나리봇짐을 들고 와 젖과 꿀이 흐르는 가나안 땅의 주인이 됩니다.

가만히 보면 온누리의 삼라만상은 놀랍게도 각각이 모두가 기적의 씨앗이 아닌 것이 없습니다. 지극한 성(誠)을 통하여, 바야흐로 천하의 주인이 객이 되기도 하고 떠도는 듯하던 객이 주인이 되기도 합니다. 과연 요엘서 말씀대로이군요. 하나님의 신이 내릴 때, 이 세상은 온통 예언과 환상과 꿈이 가득한 멋진 신세계로 바뀌는 기적 같은 역사가 이루어집니다.

지성이면 그 어디나 하늘나라

至誠之道可以前知 國家將興必有禎祥 國家將亡必有妖孽 見乎

著龜動乎四體 禍福將至 善必先知之 不善必先知之 故至誠如神

지극한 성(誠)의 도는 앞서 알 수 있다. 장차 나라가 일어설 때면
반드시 상서로운 기운이 있고, 장차 나라가 망할 무렵이면 헛되게
꾸밈이 많다. 여러 징조가 이어지고 여기저기에서 들썩이며, 화와
복이 머잖아 들이닥친다. 선한 것을 반드시 헤아리고 선하지 않
음을 반드시 헤아리나니, 그러므로 지극한 성(誠)은 신령하기 이
를 데 없다.

마 16:1-4

예수께서 대답하여 가라사대 너희가 저녁에 하늘이 붉으면 날이 좋겠다 하고 아침에 하늘이 붉고 흐리면 오늘은 날이 궂겠다 하나니, 너희가 천기는 분별할 줄 알면서 시대의 표적은 분별할 수 없느냐. 악하고 음란한 세대가 표적을 구하나 요나의 표적 밖에는 보여줄 표적이 없느니라.

어리석고 악한 세대는 결국 망하게 마련입니다. 요렇게 조렇게 꾸며도 보고 회칠해 보기도 하지만, 정작 속을 들여다보면 해골만이 가득한 무덤일 뿐이지요. 색깔마다 멋들어진 두루마기를 걸친 제사장과 서기관들의 예복이지만, 번지르르한 천을 걷어 보면 어리석은 고집과 악행으로 가득합니다. 흐리고 맑은 날씨는 분별할 줄 알면서, 이 세상이 어떻게 돌아가는지는 깜깜무소식인 우물안 개구리 신세이군요.

눈앞의 달콤한 꿀향기에 취해서 내일 무덤 속으로 들어가는 줄도 모르고 먹고 마시는 인생들입니다. 곧 화와 복이 들이닥치고 선한 것을 헤아리는 때가 시작될 터인데 이를 깨우칠 길이 막막하네요. 어쩔 수 없지요. 동화책과도 같은 요나의 표적 얘기가 나옵니다.

요나는 하나님으로부터 시대의 징조를 헤아려 선포하라는 사명을 받았지요. 하지만 이를 피하여 다시스로 도망치려 합니다. 뱃삯을 치른 다음, 하나님의 폭풍이 휘몰아치는 징조를 애써 외면하고 배 밑층으로 내려가 깊은 잠에 빠져듭니다. 그런데 용케 폭풍을 징조로 헤아린 뱃사람들이 제비를 뽑고 나니, 결국 요나가 모든 재앙의 주인공이라는 것이 밝혀지네요.

이제 큰 물고기 뱃속으로 던져진 요나의 신세는, 바로 이스라엘의 앞날에 대한 징조이기도 합니다.(요나 1,17) 여기에서 요나는 삼일 동안 물고기 뱃속에서 지냅니다. 고난과 지옥을 상징하는 물고기 뱃속에 있던 요나는 기도하면서 새로운 비전을 가지고 거듭 태어나지요. 그리고 거대한 도시 니느웨로 가서 하나님의 메시지를 선포하는 예언자 사명을 수행합니다.

애써 외면하려 해도 피할 수 없고, 깊은 곳에 웅크려 보지만 끝내 드러날 수밖에 없으니, 신령한 중용의 세계란 그저 놀라울 수밖에 없습니다. 그래서 지혜롭게 세상살이의 징조를 헤아리는 사람들이 바라보는 것은, 이 세상 구석구석 어디에서나 만날 수 있는 지극한 성(誠)의 세계입니다.

산 절로 물 절로 나도 절로절로

誠者自成也而道自道也 誠者物之終始 不誠無物 是故 君子誠之
爲貴 誠者 非自成己而已也 所以成物也 成己仁也 成物知也 性
之德也 合外內之道也 故時措之宜也

성(誠)이라는 것은 스스로 이루며, 도(道) 또한 스스로 도일 뿐이다.
성(誠)이라 함은 사물의 처음과 나중이니, 성이 없으면 만물 또한
없다. 이런 까닭에 군자는 성(誠)을 으뜸으로 여긴다. 성(誠)이라
함은, 스스로 이룰 뿐 아니라 또한 만물을 이루는 바탕이다. 스스
로 이룸을 인(仁)이라 하고, 만물을 이룸을 지(知)라 말한다. 이는
본성의 덕이고, 안과 밖을 합하는 바이다. 그러므로 때마다 일마
다 마땅한 바이다.

출 3,14-17

하나님이 모세에게 이르시되 나는 스스로 있는 자니라. 또 이르시되 너는 이스라엘 자손에게 이같이 이르기를 스스로 있는 자가 나를 너희에게 보내셨다 하라. 하나님이 또 모세에게 이르시되 너는 이스라엘 자손에게 이같이 이르기를 나를 너희에게 보내신 이는 너희 조상의 하나님 곧 아브라함의 하나님, 이삭의 하나님, 야곱의 하나님 여호와라 하라. 이는 나의 영원한 이름이요 대대로 기억할 나의 표호니라. 너는 가서 이스라엘 장로들을 모으고 그들에게 이르기를, 여호와 너희 조상의 하나님 곧 아브라함과 이삭과 야곱의 하나님이 내게 나타나 이르시되 내가 실로 너희를 권고하여 너희가 애굽에서 당한 일을 보았노라. 내가 말하였거니와 내가 너희를 애굽의 고난 중에서 인도하여 내어 젖과 꿀이 흐르는 땅 곧 가나안 족속, 헷 족속, 아모리 족속, 브리스 족속, 히위 족속, 여부스 족속의 땅으로 올라가게 하리라.

꽃 은 거기 피어 있을 뿐입니다. 꽃을 보고 울고불고 하는 것은 꽃을 붙잡은 사람들이 지어내는 세상입니다. 꽃은 스스로 있습니다. 그래서 꽃이 없으면 웃음도 없고 울음도 없는 것이며, 웃고 우는 사람들 또한 찾아볼 수 없습니다. 한마디로 꽃이 없으면 아무것도 없는 셈입니다. 그러므로 중용에서는 성(誠)이 없으면 아무것도 없다고 말하는 것이겠지요.(不誠無物)

성서의 출애굽기에서는 하나님의 이름을 가리켜 '스스로 있는 자' 라고 선포합니다. 하나님이 없으면 출애굽도 없습니다. 물론 이스라엘이니 모세이니 하는 따위도 있을 리 만무입니다. 그저 남의 나라에서 빌붙어 살면서, 가련하고 처량한 떠돌뱅이 신세를 벗어나지 못할 테니까 말입니다. 아울러 하나님이 없으면, 젖과 꿀이 흐르는 가나안 땅이라는 것 또한 말짱 도루묵입니다.

이처럼 변함없이 스스로 계셨던 하나님은 비렁뱅이들이 잊어버리고 살았던 할아버지 할머니를 일깨우십니다. 그리고 그 조상들이 바라보았던 믿음을 통해 자손 만대에 대대로 이어지게 하는 약속까지 세우십니다. 종살이하는 보잘 것 없는 무지렁이들에 불과한데, 이렇게까지 살갑게 대하시며 때마다 일마다 간섭하시고 이루시는 하나님의 역사는 놀랍기 그지없습니다.

언뜻 중용에서 말하는 이러한 불성무불(不誠無物) 비밀의 세계를 알아차린 것일까요. 출애굽 광얏길에서 이스라엘 백성의 앞날을 걱정하던 모세 역시 하나님의 바짓가랑이를 단단히 붙들고 이렇게 말합니다. "주께서 친히 가지 아니하시려거든 우리를 이곳에서 올려 보내지 마옵소서." (출 33,15) 만에 하나 주님이 함께하시지 않으면, 젖과 꿀이 넘쳐나는 가나안 땅에 가 봤자 속이 텅텅 빈 찐빵일 테니까 말입니다.

26장

끝없이 펼쳐지는 새 하늘과 새 땅

故至誠無息 不息則久 久則徵 徵則悠遠 悠遠則博厚 博厚則高明
博厚所以載物也 高明所以覆物也 悠久所以成物也 博厚配地 高
明配天 悠久無疆 如此者 不見而章 不動而變 無爲而成 天地之
道 可壹言而盡也 其爲物不貳 則其生物不測 天地之道博也厚也
高也明也悠也久也 今夫天斯昭昭之多 及其無窮也 日月星辰繫
焉 萬物覆焉 今夫地一撮土之多 及其廣大 載華嶽而不重 振河海
而不洩 萬物載焉 今夫山一拳石之多 及其廣大 草木生之 禽獸居
之 寶藏興焉 今夫水一勺之多 及其不測 黿鼉蛟龍魚鼈生焉 貨財
殖焉 詩曰 惟天之命於穆不已 蓋曰 天之所以爲天也 於乎不顯文
王之德之純 蓋曰 文王之所以爲文也 純亦不已

그러므로 지극한 성(誠)은 쉬지 않는다. 쉬지 않으니 이어지고, 이어지니 나타난다. 나타나니 멀리 내다보고, 내다보니 든든하기 이를 데 없고, 든든하니 드높아지는 법이다. 든든하다는 것은 만물을 담는 것이고, 드높다 함은 만물을 덮는 것이며, 멀리 내다보는 바는 만물을 이루는 것이다. 든든함은 땅을 바탕하며, 드높음은 하늘에 기대는 것이고, 멀리 내다봄은 끝이 없는 바이다. 이로써 보지 않아도 이뤄지며, 저절로 바뀌고, 절로 이루어지니, 천지의 도(道)는 그저 하나일 뿐이라. 그 이룸이 둘이 아니니, 이를 헤아리기조차 어렵다. 천지의 도는 넓고 두터우며, 높고 밝으며, 깊으며 끝을 모른다. 이제 하늘이 그 밝음을 더하여 끝없이 이어지고, 해와 달과 별들이 어우러지고, 만물이 새로워지누나. 이제 땅이 한 줌씩 쌓이매, 끝없이 펼쳐지는구나. 드높은 산들을 담아도 무겁지 않으며, 강과 바다를 품어도 넘치지 않으니, 만물이 그 안에 그득 담겼도다. 이제 조각조각 산이 모여 우람하기 그지없구나. 초목은 무성하고, 짐승들은 노닐며, 만물이 풍성하도다. 이제 한줄기씩 물길 모여드니, 끝을 헤아리기조차 어렵도다. 각종 물짐승과 물고기들이 그득하니, 무럭무럭 자라나는구나. 시경은 노래한다. 하늘의 뜻이여, 오묘하여 그치지 않도다. 까닭에 이러하니 하늘이로구나. 오호라 문왕의 덕은 그지없도다. 까닭에 그러하니 문왕일 뿐이로다.

욥 38,4-11

내가 땅의 기초를 놓을 때에 네가 어디 있었느냐. 네가 깨달아 알
았거든 말할지니라. 누가 그 도량을 정하였었는지, 누가 그 준승
(準繩)을 그 위에 띄웠었는지 네가 아느냐. 그 주초(柱礎)는 무엇 위
에 세웠으며 그 모퉁이 돌은 누가 놓았었느냐. 그때에 새벽 별들
이 함께 노래하며, 하나님의 아들들이 다 기쁘게 소리하였었느니
라. 바닷물이 태에서 나옴같이 넘쳐 흐를 때에, 문으로 그것을 막
은 자가 누구냐. 그때에 내가 구름으로 그 의복을 만들고 흑암으
로 그 강보(襁褓)를 만들고 계한을 정하여 문과 빗장을 베풀고….

중용에서 말하는 성(誠)에는 쉼이나 그침이 없습니다. 그래서 삼라만상과 인생살이의 갖가지 모습들이 제자리를 잡고, 쉼없이 무럭무럭 자라납니다. 이는 시경에서 노래한 바대로 오묘한 하늘의 뜻이 끝없이 이어지는 풍경을 가리킵니다. 이렇듯 유한한 사람이 헤아릴 수 없는 지성무식(至誠無息)의 세계는 인간의 불가해한 삶을 구구절절이 풀어내는 성서의 읍기에서도 한결같이 드러납니다. 아득한 옛날 땅의 기초를 놓을 때부터, 흉흉한 바다와 검은 대지를 나누고 문의 빗장을 걸어 잠그는 그 순간에 이르기까지 눈동자같이 보살피는 손길이지요.

그런데 때때로 어리석기 그지없는 이들은 이를 헤아리지 못하는 주제에 슬그머니 딴죽을 걸기도 합니다. 그래서 안식일에 38년 된 병자를 선뜻 고쳐 주시는 예수를 보고는 갑자기 시시비비를 따지면서 기세등등하게 몰려드는군요. 그런데 바로 이때 중용에서 말하는 지성무식의 진리가 어리석은 무리들을 향하여 낭랑하게 울려 퍼집니다. "예수께서 저희에게 이르시되, 내 아버지께서 이제까지 일하시니 나도 일한다."(요 5,17)

땅이 혼돈하고 공허하던 창세기 때부터 시작하여 애굽에서 이스라엘 백성들의 울부짖음을 마다하지 않으시고 귀 기울이시며 이끌어 내신 하늘의 보살피심은 오늘도 결코 쉼이 없다는 말입니다. 이 모습 그대로 예수는 십자가에 달리시기까지 뚜벅뚜벅 발걸음을 멈추지 않으십니다. 이를 따라 초대교회 지도자 스데반 역시 돌무더기에 깔려 숨지면서도 증인의 삶을 끝까지 이어나갑니다. (행 7,59-60)

그리고 이렇듯 죽어가는 스데반의 모습을 물끄러미 지켜보던 사울이 있었지요. 이 사울이란 인물 역시도 훗날 바울로 이름을 바꾸어, 너른 희랍 세상으로 거침없이 달려나가 복음 선포를 이어나가는 주인공이 됩니다. 그렇다면 과연 언제까지 이 일이 이어지는 것일까요. 아마도 시편 기자가 노래한 대로, 세상 모든 육체가 구원을 얻을 때까지 결코 그치지 않을 겁니다. "기도를 들으시는 주여, 모든 육체가 주께 나아오리이다." (시 65,2)

성서로 만나는
중용의 세계

나라이 임하옵시며

大哉 聖人之道 洋洋乎 發育萬物峻極于天 優優大哉 禮儀三百
威儀三千 待其人而然後行 故曰 苟不至德至道不凝焉 故君子 尊
德性而道問學 致廣大而盡精微 極高明而道中庸 溫故而知新 敦
厚以崇禮 是故居上不驕 爲下不倍 國有道 其言足以興 國無道
其默足以容 詩曰 旣明且哲 以保其身 其此之謂與

크도다, 성인의 도(道)여. 끝없이 만물을 길러내어 하늘까지 닿았
으니 크기가 한량없구나. 예의(禮儀)가 삼백이요 위의(威儀)가 삼천
이니, 그분을 기다려 뒤따르도다. 그러므로 진실로 지극한 덕이
아니면 지극한 길이 열리지 않는다고 말한다. 그런 까닭에 군자
는 덕을 기리고 배움에 힘쓰며, 할 수 있는 대로 널리 펴고, 힘 닿
는 대로 구석구석 살핀다. 힘써 드높이고 밝히며, 때를 잘 살펴 나

아간다. 옛 일을 거울삼아 앞날을 내다보고, 따사롭고 두터운 마음으로 예를 드높인다. 이런 까닭에 윗사람으로 교만하지 않으며, 아랫사람으로 본분을 잃지 않는다. 나라에 도가 있으면 힘써 바로 세우고, 나라에 도가 없으면 물러나 잠잠할 뿐이다. 시경은 말한다. 이미 밝게 드러났으니 몸을 돌보아 살핀다. 그 뜻이 바로 이것이라.

행 1,6-8

저희가 모였을 때에 예수께 묻자와 가로되, 주께서 이스라엘 나라를 회복하심이 이때니이까 하니, 가라사대 때와 기한은 아버지께서 자기의 권한에 두셨으니 너희의 알 바 아니요 오직 성령이 너희에게 임하시면 너희가 권능을 받고 예루살렘과 온 유대와 사마리아와 땅 끝까지 이르러 내 증인이 되리라 하시니라.

모름지기 군자는 때가 차기까지 꾸준히 덕을 기르며 길을 잃지 않는 법입니다. 지극한 덕(德)과 지극한 도(道)의 세계란 달리 말해서 성령의 역사를 가리킨다고 말할 수 있습니다.

사람들은 이따금씩 어리석게도 마음과 생각이 앞서는 까닭에, 허겁지겁 서두르며 몸이 안달하기도 하지요. 그런데 가만히 들여다보면, 사실 '때'라는 것은 예수조차 오락가락했을 정도로 헤아리기 어려운 세계이기도 합니다. 오죽하면 때가 이르렀음에도 불구하고, 겟세마네 동산에서 기도하시던 순간에 이 잔을 내게서 거두어 달라고 말씀하셨을까요.

그런 까닭에 연약하기 그지없는 우리들은, 그저 성령이 임하시기를 기다리며 힘써 기도할 뿐입니다. 그러다 보면 어느새 권능이 우리에게 쑤욱 다가와 자리 잡습니다. 그리고 눈을 들어 한 바퀴 둘레를 휘돌아보면, 눈썰미가 훤해지면서 세상 구석구석 가득 찬 하나님의 기운을 알아차리게 됩니다. 바야흐로 '내 주 예수 계신 곳이 그 어디나 하늘나라.'(人生到處有靑山)인 셈입니다.

이제부터는 꼭꼭 문 닫아 걸어 놓은 다락방을 박차고 나가는 순간입니다. 활짝 멍석을 펼쳐 놓는 마당은 비단 예루살렘에 거리에 그치지 않습니다. 온 유대와 사마리아 바닥은 물론이거니와, 세상 천지 어디에 내놓아도 거칠 것 없는 제자와 증인의 삶이, 아무런 두려움 없이 땅끝까지 펼쳐지는 것이지요.

성서로 만나는
중용의 세계

인생도처유청산(人生到處有靑山)

子曰 愚而好自用 賤而好自專 生乎今之世 反古之道 如此者 災
及其身者也 非天子 不議禮 不制度 不考文 今天下 車同軌 書同
文 行同倫 雖有其位 苟無其德 不敢作禮樂焉 雖有其德 苟無其
位 亦不敢作禮樂焉 子曰 吾說夏禮 杞不足徵也 吾學殷禮 有宋
存焉 吾學周禮 今用之 吾從周

공자는 말한다. 어리석어 홀로 쓰기에 급급하고, 천하여 제 멋대
로 살아가며, 하루하루 아등바등 하다가 옛 가르침을 저버리니,
이런 사람은 제 한 몸에 얽매인 것이다. 천자(天子)가 아니면 예를
말하지 않고, 제도를 논하지 않으며, 글을 따지지도 않는다. 이제
천하가 수레를 같이하고, 글을 서로 통하여, 질서를 바로 잡았다.
비록 자리에 올랐으되, 진실로 덕이 없으면 섣불리 예악을 세우지 않는다. 비록 덕이 있어도, 마땅한 자리에 있지 않으면 또한 함부로 예악을 세우지 않는다. 공자는 말한다. 나는 하나라 예(禮)를 말하나, 지금은 구할 수 없다. 내가 은나라 예를 배우나, 송(宋)나라에만 남아 있을 뿐이다. 내가 주례를 배움에, 오늘날 널리 쓰이기에 나는 이를 따른다.

고전 9,20-23

유대인들에게는 내가 유대인과 같이 된 것은 유대인들을 얻고자 함이요, 율법 아래 있는 자들에게는 내가 율법 아래 있지 아니하나 율법 아래 있는 자같이 된 것은 율법 아래 있는 자들을 얻고자 함이요, 율법 없는 자에게는 내가 하나님께는 율법 없는 자가 아니요 도리어 그리스도의 율법 아래 있는 자나 율법 없는 자와 같이 된 것은 율법 없는 자들을 얻고자 함이라. 약한 자들에게는 내가 약한 자와 같이 된 것은 약한 자들을 얻고자 함이요, 여러 사람에게 내가 여러 모양이 된 것은 아무쪼록 몇몇 사람들을 구원코자 함이니, 내가 복음을 위하여 모든 것을 행함은 복음에 참예하고자 함이라.

흔히 사람들은 제멋에 사는 것이라고 말들을 합니다. 그러나 중용의 세계는, 눈앞에 보이는 것에 급급해 제멋대로 살아가는 부류와는 완전히 다른 모습을 보여줍니다. 천자가 아닌 바에야, 함부로 날뛰지 않음은 마땅한 일입니다. 하지만 심지어 천자로서 자신의 자리가 분명하다고 할지라도, 모름지기 어느 것이 덕(德)스러운 것인가를 헤아린 다음에 움직인다는 말이지요. 중용에서 말하는 바는 어쩌면 현실적으로 도저히 불가능한 세계를 바라보는 것일지도 모릅니다.

성서에서 바울은 이토록 헤아리기 어려운 중용의 세계를 이루어나간 대표적인 인물이라고 말할 수 있습니다. 고대 다문화 도시의 대표적인 모습을 지니고 있었던 고린도 지역의 교회공동체에 보내는 바울의 편지를 보면 이와 같은 모습이 잘 나타나 있습니다. 여기에서 바울은 유대인에게는 유대인의 모습으로, 율법 아래 있는 사람들에게는 율법의 모습 그대로 지니고 다가섭니다. 약한 자들에게 다가갈 때 또한 무턱대고 들이대기보다는 약한 자의 모습 그대로 나란히 마주하는 것이지요.

이렇듯 여러 가지 얼굴로 나타나는 바울의 모습은, 어찌 보면 카멜레온과 같이 도대체 종잡을 수가 없습니다. 아마도 눈먼 이들이 모여 앉아 코끼리를 더듬거리다 보면, 제각각 생각이 다를 수 밖에 없겠지요. 그래서 바울은 이렇게 처신할 수밖에 없는 스스로의 변화무쌍한 모습을 다음과 같이 설명합니다. 즉 자신이 가지고 있는 단 한 가지 목적, 복음의 역사를 이루기 위해서란 말이지요. 이렇게 보면, 어렴풋하던 복음의 신비와 중용의 세계는 너무도 닮아 있습니다. 하나라와 은나라, 주나라의 예를 찬찬히 되살피며 발걸음을 옮겼던 공자의 깊은 마음씨를 만나게 되니 말입니다.

하늘이 알고 땅이 알고

王天下有三重焉 其寡過矣. 信民弗從 故 君子之道 本諸身徵諸庶

民 考諸三王而不繆 建諸天地而不悖 質諸鬼神而無疑 百世以俟

聖人而不惑 質諸鬼神而無疑知天也 百世以俟聖人而不惑知人

也 是故 君子動而世爲天下道 行而世爲天下法 言而世爲天下則

遠之則有望 近之則不厭 詩曰 在彼無惡 在此無射 庶幾夙夜 以

永終譽 君子 未有不如此而 蚤有譽於天下者也

천하를 다스림에 세 가지 중한 바 있으니, 이른바 지나치지 않는

것이다. 웃사람으로서, 비록 선하여도 경우가 없으면 불신하게 된

다. 불신하면 따르는 이 없다. 아랫사람으로서 비록 선하여도 삼

가지 않으면 불신하게 된다. 불신하면 따르는 이 없다. 그런 까닭

에 군자의 길은 스스로 살피고 모든 이에게 거리낌이 없다. 앞선

이들을 기억하여 그름이 없으며, 모든 일에 어그러짐이 없다. 하늘에 부끄럽지 않아 진실하고, 길이 성인을 본받기에 힘써 흔들리지 않는다. 하늘에 부끄러움 없이 진실함은 하늘을 아는 것이고, 길이 성인을 따른다 함은 사람을 안다는 말이다. 그러므로 군자가 움직이매 세상에 천하의 길을 이루고, 나아가매 세상에 질서를 이룬다. 말하매 천하의 규례가 되고, 멀리 내다보니 앞날이 밝고, 가까이 살피니 군말이 없다. 시경은 말한다. 저곳에서도 거리낌이 없고, 이곳에서도 불평이 없다. 늘 살피되 밤낮이 없으니, 길이 그 이름을 잃지 않는도다. 군자가 이 같지 않고서 일찍이 천하에 이름을 남긴 적은 없었다.

마 22,36-40

"선생님이여, 율법 중에 어느 계명이 크니이까." 예수께서 가라사대 "네 마음을 다하고 목숨을 다하고 뜻을 다하여 주 너의 하나님을 사랑하라 하셨으니, 이것이 크고 첫째 되는 계명이요, 둘째는 그와 같으니 네 이웃을 네 몸과 같이 사랑하라 하셨으니, 이 두 계명이 온 율법과 선지자의 강령이니라."

성서로 만나는
중용의 세계

모름지기 사람 사는 세상이라면, 여기저기에서 이런저런 말이 없을 수 없겠지요. 그러기에 모두가 고개를 끄덕이고 따를 수 있는 세상이란 생각처럼 그리 쉽지가 않습니다. 그런 점에서 동과 서를 막론하고 천하가 제자리를 잡아 평안하게 되는 길을 찾으려 애쓰기도 하지만, 유토피아(Utopia)라는 말의 속뜻처럼 이룰 수 없는 경우가 대부분입니다. 그렇다고 세상에 유토피아란 없다고 그저 손 놓고 멍하니 있을 수만은 없겠지요. 그래서 중용에서 말하는 바 천하의 질서는 먼저 하늘의 뜻을 헤아리는 것에서 [知天] 비롯하여 사람의 길을 바로 세우는 것[知시]으로 이어집니다.

하나님이 율법과 예언서를 통해서 말씀하는 바도 한결같습니다. 먼저 마음과 뜻과 정성을 다하여 하늘의 뜻을 기리는 수직적인 관계를 기틀로 하고, 인간 세상 가운데 어울려 사는 이웃을 스스로의 모습처럼 돌아보는 것에서 그 계명이 완성된다는 말이지요. 실제로 구약성서에서 말하는 십계명의 구성 또한 그러합니다. 첫째 항부터 넷째 항까지는 바로 하늘과 인간의 관계를 다루고 있고, 나머지는 인간 세상에서 이웃과 어울리면서 마주치게 되는 윤리적 조항들이 담겨 있습니다.

이러한 가운데 유대 문화는 지중해를 중심으로 한 희랍 문화의 세계화 파도를 피할 수 없게 됩니다. 따라서 대대로 지켜 내려오던 율법과 예언서와 성문서들은 완전히 새로운 틀에서 재해석되어야 할 대전환기를 맞습니다. 그래서 이른바 신약성서라는 틀이 자리 잡게 되었지요. 바로 이때 사도행전에서 보여주는 신앙공동체의 모습은 오늘날까지도 보기 드문 이상적인 틀을 갖추면서 새로운 공동체의 모델이 되었습니다.

"저희가 사도의 가르침을 받아 서로 교제하며 떡을 떼며 기도하기를 전혀 힘쓰니라. 사람마다 두려워하는데 사도들로 인하여 기사와 표적이 많이 나타나니, 믿는 사람이 다 함께 있어 모든 물건을 서로 통용하고, 또 재산과 소유를 팔아 각 사람의 필요를 따라 나눠 주고, 날마다 마음을 같이 하여 성전에 모이기를 힘쓰고, 집에서 떡을 떼며 기쁨과 순전한 마음으로 음식을 먹고, 하나님을 찬미하며 또 온 백성에게 칭송을 받으니, 주께서 구원 받는 사람을 날마다 더하게 하더라." (행 2,42-47)

언뜻 보면 불가능하게만 보이던 꿈같은 일들이 우리가 버벅거리며 살고 있는 이 땅에서 실제로 이루어지기도 하는군요. 21세기 오늘같이 자본주의와 기계 문명이 사람을 삼켜 버린 세상에서는 타임머신이라도 타 보아야 맛볼 수 있는 셈입니다. 그래도 중용에서는 천하에 바로 이와 같은 다스림을 땅에 남긴 군자들의 이름을 나란히 적어 놓고 있군요. 그러니 희망을 잃지 않고 지켜볼 일입니다. 어쩌면 하늘의 뜻을 알고, 이 땅에서 어울려 살아가는 이웃들을 헤아릴 줄 아는 군자와 성인이 나타날지 누가 알겠습니까.

30장

젖과 꿀이 흐르는 동산처럼

仲尼祖述堯舜 憲章文武 上律天時 下襲水土 辟如天地之無不持載 無不覆幬 辟如四時之錯行 如日月之代明 萬物竝育而不相害 道竝行而不相悖 小德川流 大德敦化 此天地之所以爲大也

공자께서 요순(堯舜)을 높이시고 문무(文武)의 본을 따르셨으니, 하늘의 때를 받들고 땅과 물을 품은 바와 같다. 이는 마치 천지의 손길이 미치지 못하는 바가 없고, 덮지 못할 바 없는 것과 같다. 사철이 제 때를 맞춤 같고, 해와 달이 밝은 바와 같다. 만물이 고루 자라고 서로 어우러지니, 도가 널리 행해지고 서로 어긋나지 않는다. 작은 덕은 물처럼 흐르고, 큰 덕은 끝없이 드넓도다. 이것이 천지의 크신 바이다.

신 11,11-15

너희가 건너가서 얻을 땅은 산과 골짜기가 있어서 하늘에서 내리는 비를 흡수하는 땅이요, 네 하나님 여호와께서 권고하시는 땅이라. 세초부터 세말까지 네 하나님 여호와의 눈이 항상 그 위에 있느니라. 내가 오늘날 너희에게 명하는 나의 명령을 너희가 만일 청종하고, 너희의 하나님 여호와를 사랑하여 마음을 다하고 성품을 다하여 섬기면, 여호와께서 너희 땅에 이른 비, 늦은 비를 적당한 때에 내리시리니, 너희가 곡식과 포도주와 기름을 얻을 것이요, 또 육축을 위하여 들에 풀이 나게 하시리니, 네가 먹고 배부를 것이라.

성서로 만나는
중용의 세계

유교의 가르침에는 이른바 천인감응설(天人感應說)이라는 전통이 끊이지 않고 이어 내려옵니다. 하늘과 인간 그리고 삼라만상은 제각각 떨어져 있지 않고, 서로 유기적으로 얽혀 영향을 주고받게 마련이라는 것이지요. 눈부시게 발전하는 현대과학의 정밀한 논리에 비추어볼 때, 이른바 '하나님의 괘씸죄'(?) 같은 것은 언뜻 얼토당토 않는 것이라고 지나쳐 버릴 수도 있습니다.

하지만 이를 가만히 새겨 보면, 오늘날 흔히 '나비효과'라고 일컬어지는 첨단이론과 엇비슷하기도 합니다. 때문에 인문과학과 자연과학을 나누어 보는 식의 서양 세계관이나 전통과는 많이 다른 모습이구요. 무엇보다도 양자가 나눠지지 않고 서로 영향을 주고받기에, 여기에서는 만물이 끈끈하고 촘촘하게 엮여 있는 세상이라는 동양의 지혜가 오롯이 돋보이게 마련입니다.

이런 까닭에 동양에서는 커다란 자연 재해가 닥쳐 흉년이 들거나, 전염병 등 각종 질병이 돌면서 민심이 흉흉해질 때 또는 천재지변이나 이상징후 등을 그저 무심하게만 바라보지 않습니다. 그래서 이런 변고가 이어지면, 통치자는 화려한 옷을 벗고 그저 무지렁이의 모습으로 땅에 엎드립니다. 그리고 스스로의 허물을 하늘에 고하고 돌이켜 회개하는 모습들이 아주 자연스럽게 받아들여지지요.

때문에 합리적인 이성과 과학적 사고를 바탕으로 꼼꼼하게 이치를 따져나가는 서양세계와는 상당히 다른 풍경이 펼쳐집니다. 성서에서도 이런 모습이 자주 등장하는데요. 특별히 신명기 역사관을 지닌 자료들에서는 재를 뒤집어 쓰거나 옷을 찢어 버리는 상징적인 모습들이 아주 강렬하게 되풀이되곤 합니다. 이처럼 성서의 전통과 중용의 세계관은 서로 나란히 서서 세상을 바라보는 것이라고 말해도 조금도 어색하지 않습니다.

하늘뜨락의 주인공으로

唯天下至聖爲能聰明睿知 足以有臨也 寬裕溫柔 足以有容也 發

强剛毅 足以有執也 齊莊中正 足以有敬也 文理密察 足以有別也

溥博淵泉 而時出之 溥博如天 淵泉如淵 見而民莫不敬 言而民莫

不信 行而民莫不說 是以 聲名洋溢乎中國 施及蠻貊 舟車所至

人力所通 天之所覆 地之所載 日月所照 霜露所隊 凡有血氣者

莫不尊親 故曰配天

천하의 지극한 성(誠)만이 능히 살펴 밝으며 지혜로우니, 비로소
이루어짐이 있다. 너그럽고 넉넉하며 따사롭고 부드러우니 비로
소 아우를 수 있으며, 담대하고 강인하며 줏대 있고 굳세니 비로
소 맡길 수 있다. 우뚝하고 우람하며 치우침 없이 올곧으니 비로
소 우러러볼 수 있다. 분명하고 분별하며 깊이 있고 뚫어보니 비

로소 헤아릴 수 있다. 끝없이 드넓고 샘 또한 깊으니 때마다 부족함이 없도다. 하늘처럼 드넓고, 샘처럼 깊고 깊도다. 드러나니 모든 백성이 우러러보며, 입을 여니 모든 이가 따르고, 돌보니 모든 백성이 기뻐하는구나. 이로써 그 이름이 온누리에 가득하다. 사방의 오랑캐들이 모두 듣고, 배와 수레로 찾아온다. 사람과 물자가 오가며, 하늘이 모두 덮어주고, 땅에 가득하고, 해와 달이 비추고, 서리와 이슬이 내리어, 무릇 숨 쉬는 생명들이 부모를 대함 같으니, 이런 까닭에 하늘과 짝한다고 말한다.

골 1,15-23

그는 보이지 아니하시는 하나님의 형상이요, 모든 창조물보다 먼저 나신 자니, 만물이 그에게 창조되되 하늘과 땅에서 보이는 것들과 보이지 않는 것들과 혹은 보좌들이나 주관들이나 정사들이나 권세들이나 만물이 다 그로 말미암고 그를 위하여 창조되었고, 또한 그가 만물보다 먼저 계시고 만물이 그 안에 함께 섰느니라. 그는 몸인 교회의 머리라. 그가 근본이요 죽은 자들 가운데서 먼저 나신 자니, 이는 친히 만물의 으뜸이 되려 하심이요, 아버지께서는 모든 충만으로 예수 안에 거하게 하시고, 그의 십자가의 피로 화평을 이루사 만물 곧 땅에 있는 것들이나 하늘에 있는 것들을 그로 말미암아 자기와 화목케 되기를 기뻐하심이라.

지성(至誠)이면 감천(感天)이라는 말은 누구나 다 입에 달고 삽니다. 그런데 여기 중용에서는 지성이면 배천(配天)이라 말하는군요. 다시 말해 이제 손님의 자리에 머물렀던 '감천'의 세계가 아니라는 말입니다. 오히려 주인과 나란히 새로운 세상을 열어 나갑니다. 그러기에 지성의 세계는 객관화되거나 대상화된 세계가 아니라 나눔과 분별이 없는 어우러짐의 새로운 세상을 열어 줍니다.

여기에서는 주인과 종을 나눠놓거나, 나그네와 터줏대감을 가르는 일은 더 이상 찾아볼 수가 없습니다. 하늘의 뜻을 헤아리는 동시에 하늘과 짝이됩니다. 뜻이 하늘에서 이룬 것같이 땅에서도 이루어지기를 기도하는 새로운 세계가 활짝 열린 것이지요. 오죽하면 모든 백성이 기뻐할 뿐만 아니라, 온누리에 흩어져 사는 오랑캐까지도 사방에서 몰려 들어오는 사태가 벌어지는 것일까요.

오늘날 사람들이 말하는 바, 모두가 주인공이 되고 모두가 참여하여 한몫을 해 내는 가장 바람직한 현대의 민주주의 표본을 바라보고 있는 셈입니다. 어떤 사람은 이를 가리켜 폐쇄된 구조가 아니라 '열린 사회' (K. Popper)라 말하기도 하고, 또는 '집단 지성' (collective intelligence)이라는 말로 오늘날 현대사회를 표현하기도 합니다.

그런데 한편으로 이러한 일들이 저절로 하늘에서 굴러 떨어지는 것은 아닙니다. 민주주의는 피를 먹고 자란다는 말이 괜한 것은 아니라는 말이지요. 그래서인지 기쁨 가득히 화평을 이루시는 예수의 뒷모습도 그렇거니와, 만물을 먹여 살리는 대지의 어머니는 늘 손과 발 그리고 허리에 십자가의 피를 뚝뚝 머금고 있습니다.

널리 세상을 따사롭게

唯天下至誠 爲能經綸天下之大經 立天下之大本 知天地之化育
夫焉有所倚 肫肫其仁 淵淵其淵 浩浩其天 苟不固聰明聖知達天
德者 其孰能知之

오로지 천하의 지극한 성(誠)만이 천하의 뜻을 펼 수 있으며, 천하
의 바탕을 세울 수 있고, 천지만물을 자랄 수 있게 하니, 대저 그
무엇에 의지하리요. 그 어짊으로 눈동자같이 살피고, 한없이 깊어
속속들이 헤아리며, 하늘처럼 끝없이 드넓도다. 진실로 흔들림 없
이 밝히 헤아리고 고귀함으로 하늘의 덕을 이루는 자 아니면, 과
연 그 누가 이 일을 이루리오.

빌 2,5-11

너희 안에 이 마음을 품으라. 곧 그리스도 예수의 마음이니, 그는 근본 하나님의 본체시나 하나님과 동등됨을 취할 것으로 여기지 아니하시고, 오히려 자기를 비워 종의 형체를 가져 사람들과 같이 되었고, 사람의 모양으로 나타나셨으매 자기를 낮추시고 죽기까지 복종하셨으니 곧 십자가에 죽으심이라. 이러므로 하나님이 그를 지극히 높여 모든 이름 위에 뛰어난 이름을 주사, 하늘에 있는 자들과 땅에 있는 자들과 땅 아래 있는 자들로 모든 무릎을 예수의 이름에 꿇게 하시고, 모든 입으로 예수 그리스도를 주라 시인하여 하나님 아버지께 영광을 돌리게 하셨느니라.

성서로 만나는
중용의 세계

모름지기 성(誠)의 세계란 하늘의 세계와 땅의 세계, 하나님의 세계와 사람의 세계 그리고 삼라만상과 깊은 어둠의 세계까지 모두를 담아내는 커다란 그릇과도 같은 모습이군요. 그런데 이렇듯 지극한 성(誠)의 이미지를 빼다 박아 놓은 듯 그려 내고 있는 것이 바로 바울의 빌립보서입니다.

바울은 빌립보 교회 공동체에게 보내는 편지를 통하여, 바로 이와 같은 모습으로 그리스도 예수를 그려 내고 있습니다. 그것은 바로 하늘의 뜻을 이루기 위해 십자가에서 죽음까지도 마다하지 않는 지극한 '자기 비움'의 자세를 말합니다. 앞서 중용에서 커다란 그릇의 이미지로 성의 세계를 표현한 바와 같이, 여기에서도 바울은 자기를 온전히 비움으로써 온갖 세상의 삼라만상을 넉넉하게 담아내신 그리스도의 그릇을 빌립보 공동체에게 선물합니다.

이른바 '자기 비움'(Kenosis)의 기독론은, 훗날 기독교 교리의 역사에서도 예수의 신성을 뒷받침하는 가장 신비롭고 오묘한 가르침으로 자리잡게 됩니다. 이러한 가르침은, 앞서 중용에서 나타난 바와 같이 하늘의 세계와 땅의 세계를 나누지 않습니다. 따라서 부유한 자와 가난한 자의 구별이 무너지게 되고, 배운 자나 무식한 자를 가르는 것 또한 무의미해지는 것이지요. 그러므로 어그러진 천하를 바로 잡을 수 있고, 천하에 하늘의 뜻을 오롯이 펴고,

천하를 무럭무럭 자라나게 하는 지극한 성(誠)의 세계의 또 다른 모습이 아닐 수 없습니다.

그런데 말입니다. 이렇게 따라가다 보면, 자연스럽게 떠오르는 이야기가 있습니다. 저 하늘 높은 곳에 머물러 있지 않고 비, 구름, 바람 거느리고 인간 세계로 내려오는 단군신화에서의 환웅의 모습이지요. 이 같은 그림은, 일찍이 우리에게 홍익인간(弘益人間)이라는 가르침으로 성(誠)의 지극한 세계와 자기를 비우신 하나님 모습을 한 치도 어긋남 없이 그대로 보여주고 있는 셈입니다.

이름없이 빛도 없이

詩曰衣錦尙絅 惡其文之著也 故君子之道闇然而日章 小人之道
的然而日亡 君子之道淡而不厭 簡而文 溫而理 知遠之近 知風之
自 知微之顯 可與入德矣 詩云 潛雖伏矣 亦孔之昭 君子內省不
疚無惡於志 君子所不可及者 其唯人之所不見乎 詩云 相在爾室
尙不愧于屋漏 故君子 不動而敬 不言而信 詩曰 奏假無言 時靡
有爭 是故 君子不賞而民勸 不怒而民威於鈇鉞 詩曰 不顯惟德
百辟其刑之 是故 君子篤恭而天下平 詩曰予懷明德 不大聲以色
子曰 聲色之於以化民 末也 詩曰 德輶如毛 毛猶有倫 上天之載
無聲無臭 至矣.

시경은 말한다. 비단에 홑옷을 덧입는다. 이는 번지르르한 글을
일깨우는 말이다. 까닭에 군자의 길은 조용하지만 날로 펼쳐지고,

소인의 길은 그럴싸하지만 쉬이 스러진다. 군자의 길은 밋밋해도 싫증나지 않으니, 쉬우면서도 글을 이루고 부드럽지만 분명하다. 아득한 것도 친근하게 하고, 어려운 일도 잘 가려 내며, 어렴풋한 것을 밝혀 주니, 참으로 더불어 덕스럽도다. 시경은 노래한다. 가만히 엎드렸지만 매우 밝게 빛나는구나. 그러므로 군자는 스스로 돌아보아 병들지 않으며, 뜻을 저버리지도 않는다. 군자가 이르지 못하는 바는 모름지기 사람이 겪어 보지 못한 것일 뿐이다. 시경은 노래한다. 네 집을 살피건대 오히려 어디 하나 부끄럼이 없구나. 그런 까닭에 군자는 나서지 않아도 존경받고, 말하지 않아도 듬직하다. 시경은 말한다. 말없이 울려 퍼지고, 때 맞추어 어그러짐이 없구나. 이런 까닭에 군자가 상을 내리지 않아도 백성들은 열심이고, 큰소리치지 않아도 백성들이 삼가 부지런하다. 시경은 말한다. 드러냄 없이 덕을 생각하니, 모든 일이 제자리를 찾는다. 그런 까닭에 군자가 삼가 행하면 천하가 바르게 된다. 시경은 노래한다. 나는 밝은 덕으로 살고, 떠들썩하니 큰소리 내지 않는다. 공자는 말한다. 북 치고 장구 치며 백성을 얼빠지게 하면 이미 끝장난 것이다. 시경은 말한다. 덕(德)은 터럭처럼 하늘거린다. 터럭은 비록 흩날리지만, 위로 하늘의 덮음은 아무런 소리도 없고 아무런 자취도 없을 뿐이다.

성서로 만나는
중용의 세계

사 42:1-7

내가 붙드는 나의 종, 내 마음에 기뻐하는 나의 택한 사람을 보라.
내가 나의 신을 그에게 주었은즉, 그가 이방에 공의를 베풀리라.
그는 외치지 아니하며 목소리를 높이지 아니하며 그 소리로 거리
에 들리게 아니하며, 상한 갈대를 꺾지 아니하며 꺼져 가는 등불
을 끄지 아니하고 진리로 공의를 베풀 것이며, 그는 쇠하지 아니
하며 낙담하지 아니하고 세상에 공의를 세우기에 이르리니, 섬들
이 그 교훈을 앙망하리라. 하늘을 창조하여 펴시고 땅과 그 소산
을 베푸시며 땅 위의 백성에게 호흡을 주시며 땅에 행하는 자에게
신을 주시는 하나님 여호와께서 이같이 말씀하시되, 나 여호와가
의로 너를 불렀은즉 내가 네 손을 잡아 너를 보호하며 너를 세워
백성의 언약과 이방의 빛이 되게 하리니, 네가 소경의 눈을 밝히
며 갇힌 자를 옥에서 이끌어 내며 흑암에 처한 자를 간에서 나오
게 하리라.

숨 소리 하나 새어 나오지 않는 가운데, 장중한 오케스트라의 연주가 울려 퍼집니다. 아무런 말이 없지만, 그 어느 것 하나도 흐트러짐이 없이 한결같은 소리는 그윽하기 이를 데 없습니다. 이렇듯 중용이 말하는 지극한 세계는 말없이 울려 퍼지는 오케스트라와 마찬가지 모습입니다. 그래서 무엇 하나 뚜렷한 형태나 냄새조차도 느낄 수 없을 정도로 그윽할 뿐이지요. 그럼에도 어디 하나 한 치의 흐트러짐이 없습니다. 그저 말없이 혼신의 힘을 다하는 지휘자의 몸짓, 조물주의 기운만이 가득할 뿐입니다.

구약성서에서 주전 8세기 무렵 예언자 운동은 매우 중요한 출발점이 됩니다. 바로 이때부터, 비로소 율법의 해석학이 자리 잡기 때문입니다. 이 무렵 아합 왕의 전성기에 활동하던 북왕국의 엘리야 이야기는 언제나 그랬듯이 더욱 생생합니다. 고대 근동 지역에서 이름을 떨치며 힘깨나 쓰던 아합 왕 그리고 그와 정략결혼한 페니키아 왕족 이세벨은 여호와의 예언자들을 박해하며 목숨을 벼르고 있지요. 어쩔 수 없이 엘리야는 한적한 곳으로 몸을 피하여 굴속에 머무르면서 목숨을 부지하는 초라한 신세가 됩니다.

먹거리조차 없어 까마귀가 날라다 주는 끼니에 간신히 목숨을 부지하며 죽기만을 기다리던 엘리야 앞에, 드디어 기다리고 기다리던 하나님이 나타나는 순간입니다. "여호와께서 가라사대 너는 나가서 여호와의 앞에서 산에 섰으라 하시더니, 여호와께서 지나가시는데 여호와의 앞에 크고 강한 바람이 산을 가르고 바위를 부수나 바람 가운데 여호와께서 계시지 아니하며, 바람 후에 지진이 있으나 지진 가운데도 여호와께서 계시지 아니하며, 또 지진 후에 불이 있으나 불 가운데도 여호와께서 계시지 아니하더니, 불 후에 세미한 소리가 있는지라…." (왕상 19,11-12)

하나님의 역사는 거대한 바람이나 광풍 한가운데로 나타나지도 않고, 산을 가르거나 바위를 부수지도 않습니다. 온 땅을 뒤흔드는 지진처럼, 만물을 으르렁대며 들이 삼키지도 않는군요. 또한 불처럼 타올라 모든 것을 살라 버리는 기세등등함도 찾아볼 수 없습니다. 그럼에도 낙담해 있던 예언자 앞으로 소리 없이 다가오시는 하나님의 세미한 소리는, 이후로 모든 세상 권세들의 자리를 뒤집어 버리는 무시무시하기 그지없는 예언입니다.

그리고 이 말씀은 엄중하게 울려 퍼지며 시나브로 이 세상에서 전혀 새로운 날들을 예비하십니다. "다메섹에 가서 이르거든 하사엘에게 기름을 부어 아람 왕이 되게 하고, 너는 또 님시의 아들 예후에게 기름을 부어 이스라엘 왕이 되게 하고, 또 아벨므홀라 사밧의 아들 엘리사에게 기름을 부어 너를 대신하여 선지자가 되게 하라." (왕상 19,15-16)

새로운 세상을 여는 이러한 전승은 이른바 제2이사야 전통으로 이어져 내려오면서 그 절정을 이루게 됩니다. 여기 이사야 본문에서도 엘리야의 경우와 마찬가지로 하늘의 택함을 받아 하나님의 영으로 감동이 된 이의 모습은 똑같습니다. 떠들썩하거나 요란하거나 목청이 떨어질 정도로 거리에서 소리를 높이지도 않구요. 오히려 상한 갈대도 꺾지 아니하고, 꺼져 가는 촛불도 가려 주시고 돌아보시는 자애로운 손길로 다가오지요.

이처럼 하늘이 맡기시는 공의를 묵묵히 이 땅에 온전히 펼쳐내는 것이 바로 제2이사야의 메시지입니다. 이로써 선택받았다는 이전의 우쭐거리던 선민의식은 훌훌 벗어 한쪽으로 접어 놓습니다. 그리고 이방 모든 백성들까지도 보듬어 안을 수 있는 새로운 언약을 바라보면서, 이방의 빛이 되는 고난받는 메시아 사역의 첫걸음으로 우뚝 나서는 모습입니다.